華燈初上，人生永遠不怕夜黑

條通女王席耶娜的真情人生

作　者　席耶娜
故事撰寫　李翠卿

謹以這本書，
獻給我的朋友才野忠敬

contents

PART 2

溫柔鄉

PART 3

美麗與哀愁

PART 4

條通說書人

かんぱい！乾杯推薦

如果要交朋友，一定要交席耶娜這種。有情有義、有血有淚，有點傻氣、沒有心機。雖然席耶娜不算是世俗定義的成功人士，但絕對是萬中選一的「奇葩」！

身為席耶娜的朋友，我常常折服於她獨到的見解，這應該都是從她豐富的人生經歷中萃取的精華；所以，我很推薦大家看看席耶娜的這本新書，一定可以讓你用不同的視角，面對人生給你的課題。

——**斜槓大叔　崴爺**

台北の BAR NINE は時間が経っても恋しい場所です。シエーナさんのエネルギーと情熱、そして、あの笑い声で一日の疲れが癒されます。だって、うるさいもん。

台北的 BAR NINE 是不管時間怎麼流逝，也會令人懷念的地方。那裡有席耶娜的活力、熱情與歡笑聲，得以療癒一整天的疲憊，可是……很吵！（笑）

——**日本酒客　益田　晃二**

這些令人眩目的篇章，生動描述台北中山區條通的黃金歲月，不僅是真實的條通史記，也是豐富有趣的城市夜生活導覽。更值得一提的，本書同時是令人深省的職場生存指南。這是作者送給逐漸逝去的條通時代，最深情的情書。

——**導演、編劇　蔡怡芬**

席耶娜——娜姐，是我在業界見過最能變通、最有創意的姐姐，而她的活力與熱情也轉化為現實，成為這個產業中特別美好的一部分。無論面對什麼難題與瓶頸，總是能被娜姐一貫爽朗的笑容所化解，娜姐的笑聲也成為我對她最深刻的印象。「從小姐到條通媽媽桑的條通之路」，讓我們一起透過文字更認識席耶娜，條通中魔幻且美好的存在。

——**台北市娛樂公關經紀職業工會理事長**
胡筠筠

讀完這本書，你有機會更貼近一位媽媽桑的靈魂。席耶娜懂人心、解人情，在書中娓娓道來自己的人生故事，敘說神祕而又綺麗的條通文化。

——**《數位時代》創新長　黃亮崢**

看盡百百款人生的席耶娜，用她溫柔的筆觸寫下自己在條通區的所見所聞，讓我們這些凡夫俗子不用花上萬塊錢開瓶洋酒，就一睹林森北路日式酒店的風華，實在划算。

——**法律白話文運動站長　楊貴智**

條通文化一直都是神祕而吸引人，席耶娜願意用直白的方式帶大家一窺其中風采，真的是非常大方且佛心。她本人也是超級無敵可愛，之前上我們節目歡樂到不行！希望大家能透過這本書，感受到席耶娜的魅力及條通的奇幻魔力。

——**作家、YouTuber　簡少年**

序幕

越夜，越美麗

九點半，終於結束了今晚的條通導覽[1]。

連講了兩個多小時的話，我的嗓子都快啞了。

今天報名導覽的是同一家公司的上班族，看起來全都是風月場所的「麻瓜」，難得有這個機會可以正大光明出入風月場所，眼裡滿是壓抑不住的興奮感。

雖然已經帶了好多年導覽，但每次看到參加者這種「人家是第一次」的神情，我還是忍不住覺得有趣。

沒問題，就讓席耶娜姐姐帶領各位，進入這個神祕的禁忌世界吧！

在日式酒吧示範桌邊服務時，我特意挑了一個有點靦腆，但又特別專注聽我講話的男生來示範。我才坐到他身邊，其他人立刻開始大聲起鬨，全場氣氛嗨到最高點。這位「客人」手足無措，臉紅爆汗像剛吃完麻辣鍋，但姐閱人無數，看得出他其實很期待。姐最喜歡撩這款悶騷型的，有夠可愛餒。

解說完，大家一起在我的店 BAR NINE 門口拍張合照，開開心心地散會。很多人應該已經迫不及待想在FB或IG上發限動了，也許還會加上「#今天上酒店」、「#林森北路酒店」的 hashtag。

完成「酒店文史工作者」的工作，我還不能收工呢，條通可是越夜越美麗，我得回店裡做「酒店社工」，哦不，我是說做「媽媽桑」啦。

---

1 「島內散步」規劃的主題導覽活動「夜的林森北，從小姐到媽媽桑條通之路」，是從二〇一六年就開始舉辦至今，由席耶娜負責導覽，內容包括條通歷史、酒店業概覽及日式酒店桌邊服務示範等。

一進門，吧台有個沒見過的外國客人朝我笑著說：

「Are you some kind of superstar?」（妳是某個巨星嗎？）

「Yeah, kind of.」（是啊，算吧。）

剛剛我在店外被參加導覽的團員簇擁著合照，確實有點明星架勢。這個外國人果然是新客人，第一次見識到這陣仗。看他長得還挺帥的，唔……那個胸肌、那個長腿，姐姐我忍不住想調戲他一下。正想多撩幾句，沙發區傳來熟悉的聲音：

「ママ、久しぶり！」（媽媽桑，好久不見！）

「アラ、藤生さんお久しぶり！」（啊，藤生先生，好久不見！）

我又驚又喜，藤生先生真的好久沒來了。這該死的新冠疫情鬧了三年，一度把條通整得跟墳場一樣死氣沉沉，尤其我們店的主力客群是外國人，前期因國際交通停擺受創，後期則是疫情擴散被迫停業，簡直快要活不下去。今年終於變得正常一點，老客人們也陸續回來了。

我對藤生先生說：「ママいないの時寂しかったよね。」（媽媽桑不在時很寂寞吧。）

「そうだよ。ママいないと寂しいよ。」（對啊，媽媽桑不在，好寂寞呦。）

我依偎在藤生先生身旁，趁他還在寒暄的時候，右手偷偷伸到他腳踝處褲管裡，冷不防拔下一根腿毛，藤生先生又痛又笑地「唉喲」了一聲。

「最近来ないから、罰だよ！」（最近都沒來，要罰！）

藤生先生可是個超級「抖M」[2]，以前來店裡，最喜歡我跟他玩女王遊戲了，嘖嘖嘖，玩繩鞭都沒問題，拔根腿毛只是小菜一碟啦。

正要好好「招待招待」藤生先生，他卻抓住我的手腕：「あーあーやめて、お客さん隣いるから。」（啊啊，不要啦，旁邊有客人啦。）

定睛一看，唉呀，真的有個斯文的生面孔，也是日本客人。剛剛只顧著跟藤生先生「暴力敘舊」，沒注意到他今晚帶了新客人來，我連忙收起使壞的表情，換上溫柔優雅的笑容：「あ、ごめんなさい、初めまして、

2　網路流行語，指有受虐傾向性格的人，與此相對的是「抖S」（有虐待傾向的人）。

私はシエーナです。」（啊，不好意思，初次見面，我是席耶娜。）

今晚真是太棒了！老客人回來了，新客人也上門了。那句成語叫什麼來著？「舊雨新知」嗎？舊雨新知光臨惠顧，本店跟本女王又滿血復活啦。

一抬眼，鄰桌客人看我在藤生先生這裡泡這麼久，吃醋了，對我招手笑說：「媽媽桑，妳也要照顧我們一下啊。」

酒吧裡中英日夾雜，多國語言此起彼落。我家妹妹們跟客人有說有笑，時而奉承恭維，時而嬌嗔吐槽。

好歡樂，好熱鬧，一切都是這麼的熟悉……。

看來，最壞的時候似乎已經過去了。

我微微一笑，起身要去「安搭」（台語發音，安撫之意）一下鄰桌客人，一面轉頭對吧台的妹妹說：「藤生先生帶了貴客來，招待一杯威士忌！」

PART 1

故事的開端

野草童年

我有什麼好怕？我又不是蘭花。
我是野草，落地生根，見風就長。

我的人生故事，講起來實在有點像八點檔。

有些女孩一出生就抽到一手好牌：家境良好、父母和樂，從小就被當成小公主捧在手心上，可以學鋼琴、學芭蕾，擁有很多可愛的文具和漂亮的衣服，她們就像被嬌養的蘭花。

可是，我就不是這種框金包銀的蘭花命。跟蘭花相比，我的童年更像是野草。

我出生在高雄鳳山，下面有一對雙胞胎弟弟。嚴格說起來，我家並不是所謂「家境貧寒」的家庭，甚至有幾段時間也有過那麼一些好光景。我爸以前開過海產熱炒店，他的手藝還不錯，生意好的時候，也賺過一點錢。

我爸還在做熱炒店那段時間，我下課都要回家幫忙摘揀大量的九層塔，摘到指甲前端都被九層塔的汁液染得黑黑的，洗也洗不掉。學校老師以為我洗手沒洗乾淨，硬是把我拖到洗手檯用力搓洗，但那種痕跡就是不管怎麼洗都洗不掉啊！

不過，那時候起碼家裡還有點餘錢可用。我還記得有一年生日，我爸租了一台卡帶式卡拉ＯＫ，還買了兩個冰淇淋蛋糕，請同班同學來幫我慶生。在民國七十幾年的時候，冰淇淋蛋糕可是最「蝦趴[3]」的奢侈品，辦生日派對這件事對一個小女生來說，可是超有面子的。

我想，那是我童年中極少數有那麼一點點接近「小公主」的時刻吧？

可惜，這種好時光真的很少，因為我爸有一個很致命的毛病：「賭」。

人一旦沾上「賭」，什麼金山銀山都能夠揮霍掉，更何況只是小康之

3　台語「鑠奅」（siak-phānn），意思是很時髦、浮誇。

家賺到的一點餘錢？我爸為了簽六合彩，做什麼工作都不長久。人說「十賭九輸」，這句話真的不假，為了賭，他把家裡的錢都敗光了。

即使如此，「賭」對我爸來說已經是一種「癮」，家底就算全都敗光，他還是無法停手，到處借錢繼續簽牌，把家附近的親朋好友、厝邊鄰居都借一輪以後，實在還不出錢就舉家搬遷落跑，換一個地方重起爐灶。也因為這樣，我光是國小就讀了四間，國中則讀了兩間。

我媽為了要幫我爸還賭債，一個人兼三份工作。有一次因為太累，騎機車騎著騎著竟然睡著了，還因此發生車禍。

那些像蘭花一樣被嬌養著的小女孩，肯定沒有經歷過這種事。但野草如我，在很小的時候，就非常清楚那種為「錢」所困的感覺。

一條街的乾媽

媽媽每天這麼忙，當然也不可能起床幫小孩做什麼營養早餐，都是直接把錢放在桌上，要我們三姐弟自己買點東西解決。可是，有時候不知道她是太忙還是太累，就忘了要給我們錢，那怎麼辦呢？

沒關係，我有我的生存之道，那就是靠一整條街的「乾媽們」填飽肚子！

我跟我那兩個木訥內向的弟弟不同，我從小就能言善道，嘴巴很甜，又懂得察言觀色，加上又長得可愛，簡直就是街坊鄰居、叔叔阿姨們的開心果。

聽我媽說，幼兒時期的我很喜歡坐那種投一個硬幣，就會播放兒歌、晃蕩個幾分鐘的搖搖馬。附近的里長嬸看我可愛，經常「打賞」我一大堆零錢，讓我可以搖搖馬坐到爽。

國小時，如果我媽太忙而忘記給我早餐錢，我經過那些開麵包店或麵店的阿姨門口時，就會甜滋滋地跟人打招呼問候，當然也不忘附上幾句誇獎：「阿姨，妳今天的口紅顏色好漂亮哦！」

一番又甜又可愛的童言，把阿姨們逗得心花怒放，接著麵包、牛奶就這樣塞了過來：「哎唷，吃過早餐了嗎？這個拿去吃啦！」

有時看阿姨若有所思，好像有心事的樣子，我也會適時送上溫暖的關懷：「阿姨，妳今天氣色看起來沒那麼好耶，是不是心情不好啊？要不要我請假在這裡陪妳？」

「唉，啊就昨天晚上跟妳叔叔吵架啦，妳怎麼這麼厲害，看得出我心情不好？」阿姨感動之餘，又趕緊拿些好吃好喝的東西，來餵食我這個貼心、早熟的乖孩子。

憑藉著這種人見人愛、花見花開的超級長輩緣，我非常敢於到處認乾媽，整條街有好多阿姨都是我半路認來的乾媽，讓我可以憑著一張甜嘴到處「騙食」。

我媽知道後，月底想去跟那些被我白吃白喝的「乾媽們」結帳，但她們都會滿臉慈愛地搖手拒絕：「免啦、免啦，這囝仔蓋古錐，毋免啦！」

幾十年後回頭想想，或許我就是注定要吃媽媽桑這行飯吧？我天生就對人很敏感，知道怎麼看人臉色、聽人說話、哄大家開心，交換到我想要的一切。

想要的欲望

我從來不否認，我是個很有物欲的人，會努力想辦法來得到我渴望的東西。

小時候，是非觀還不成熟，我甚至會用不大正當的方法，來取得那些我想要的小文具、小玩具，比如說：偷竊。

國小時，看到班上同學帶一些新奇的零食、玩具、文具、卡帶來學校，我心裡好羨慕，也希望能夠擁有。可是，我當時就連吃飯錢都時有時無，哪可能還會有零用錢買那些有的沒的？

於是，我選擇了順手牽羊。

那時候的商店不像現在有這麼多監視器，只要別挑體積太大的東西，看好時機、眼明手快地把「獵物」塞進衣服裡，成功「順」走的機率還挺大的。可是只要被我媽發現多了這些來路不明的東西，她就會大發雷霆，劈頭劈腦給我一頓毒打。

我說「毒打」可不是誇張，我媽年輕時打孩子真的挺兇狠的，什麼塑膠管、竹絲仔，甚至是掃把，都是我媽常用的「刑具」，偏偏我又比較反骨，時不時就被「大刑伺候」。我媽最痛恨我說謊，如果讓她抓到我說謊，她甚至會拿針梳狠打我的手心，被針梳打過的手，一開始只是有一堆紅點，但這些紅點後來就會變成一點一點凝集的小塊瘀血，還要一粒一粒挑出來。

你說這是虐童？那個年代的小孩子沒有這麼多人權啦。而且也不只我媽，很多家長修理起小孩都很沒輕重，按照現在的標準，那些家長都足以登上新聞，被貼上「狠父」、「狠母」的標籤，可是在我小的時候，家長毒打孩子並不是太不尋常的事。

雖然我常被我媽打，但是我們其實感情很好，她打小孩很兇，但也有慈愛的時候。我知道，媽媽痛恨的只是我的行為，她心裡還是愛我的，而我也很心疼她為了還債，被迫得這麼辛苦地工作。對於我媽，我還真的沒有什麼怨懟。

但是偷竊這個壞習慣，一開始我真的改不過來。雖然我內心知道偷東西是不對的，也很清楚若再被我媽發現，肯定會把我打個半死，可是有時候那個「很想擁有」的欲望一上來，就又會被沖昏頭，忍不住再次犯錯。

這種小偷小摸的行徑，直到有一次「失風」被逮以後，才終於徹底斷了根。

媽媽的眼淚

那次是在一間唱片行，我想要「順」走一個自己喜歡的歌星卡帶。

現在的年輕人可能不知道「唱片行」跟「卡帶」是什麼，以前聽音樂可不是用手機點來聽的，而是要在唱片行買一種大概半片土司大小的卡帶，放進隨身聽或錄音機裡放出來聽，而這個尺寸大小，正好方便可以塞進衣服裡。

原本，我以為那次也可以神不知鬼不覺的把獵物得手，沒想到，這家唱片行竟然裝了防盜門！於是，我就被老闆逮了個正著。

那一次，還有兩個同學跟我一起做壞事，防盜鈴聲響起，在老闆兇巴巴的質問下，我們三個都嚇到狂哭，深怕老闆會叫警察來，那事情就大條了。

我因為緊張過度，甚至發神經似地開始吞衛生紙。唱片行老闆被我的怪異舉動嚇到，反過來不斷安撫我說：「這件事情可以解決的，只要叫妳爸媽來賠償就好了，妳別把衛生紙吞下去啊！」

當年一卷卡帶售價大概二百多元，偷竊被抓則要賠償十倍的價格。這個數字對一個國小女童來說可是天文數字，我家又不是閒錢很多的家庭，面對這樣的狀況，我能不慌嗎？

後來，我媽來了，跟老闆道了歉，賠給人家錢，把我領回家。我以為損失這麼大的金額，回到家後，肯定要遭到一陣加倍嚴厲的毒打伺候。但我媽完全沒有要打我的意思，她只是失魂落魄地回到家，就整個人歪在床上不說話。

過了半晌，她突然抽抽噎噎痛哭起來，邊哭邊語無倫次地喃喃說著：「我已經沒有辦法了！這種事一而再、再而三發生，我到底要怎麼教妳，妳才會改過來？我真的、真的沒有辦法了……。」

這個場景，讓我深受震撼。

我從來沒有看過我媽絕望到這種程度。老公不成材沒有打倒她，負債沒有打倒她，身兼多職、操勞工作也沒有打倒她。

但是，我這女兒，卻讓她心碎到這種程度……。

或許，她一路走來，已經承受了太多太重的壓力，而我，就是壓垮她的最後一根稻草。

我坐在床尾，默默看著媽媽崩潰哭泣，第一次覺得自己真的很「壞」。

我在心裡告訴自己：以後絕對、絕對、絕對不要讓她這麼傷心了。

從那次以後，我再也沒有順手牽羊過。

我並沒有因此變得澹泊名利、清心寡欲，我還是一樣是個有物欲的人，但我決心未來想要任何東西，都是要靠自己抬頭挺胸賺來的。

我從十三歲起就開始工作，真的是「吾少也賤，故多能鄙事」，我做過很多種奇奇怪怪的工作，現在還做八大行業，但我想我應該沒有虧負過當年自己暗暗許下的承諾。

何必自憐？

回到童年，我爸媽的婚姻最後還是觸礁了，他們決定離婚。貧賤夫妻百事哀，這段婚姻保不住，我也不意外。他們離婚後，我媽留在高雄，而我爸則搬到台中。

在我童年結束前，我那個原本就岌岌可危的家，終究還是破碎了。後來發生的事，也還是像八點檔一樣狗血。仔細想想我整個成長歲月，好像就沒過過幾天安穩日子。後來有記者問我：「妳會覺得自己那時候很悲慘或很可憐嗎？」

嘿，我還真不會。

我本來就不是那種玻璃心的人，即使在逆風的處境下，我還是覺得人生中有很多快樂的事情。

而且，事情一樁接著一樁，要應付這麼多疑難雜症，我只能硬著頭皮一直往前衝，大多數時候，我只能想一件事：接下來，該怎麼解決問題？哪有時間覺得自己悲慘或可憐？

我有什麼好怕？關關難過，關關過。
我又不是蘭花，我是野草，落地生根，見風就長。
不管怎樣，我都會頑強、堅韌、茂盛地活下去的。

家庭抓馬劇

我的家庭故事，就像是一齣又一齣「抓馬」（drama）！

爸媽在我青少年時期離婚了，做小孩的就只能跟著其中一方過日子。對我來說，一定要在兩者之間選一個的話，我心中肯定偏向我媽多一些，一點也不兩難，完全不用掙扎。

我爸媽離婚後，各自分居台中與高雄兩地。剛開始，有一段時間的確如我所願，我跟弟弟們是留在高雄跟我媽一起住的。不過那段時間，家裡經濟捉襟見肘，日子過得相當侷促。為了養家活口，我媽實在太忙了，所以我們每天都只有一點點時間可以見到媽媽。

所有教育專家都在大聲疾呼「父母不要在小孩成長過程中缺席」，但人如果被生活逼到絕境，哪還能顧及缺不缺席？我媽那時候為了工作，幾乎整天都不在家，雖說幼年時經常可以憑藉我的「個人魅力」得到一些白吃白喝的好處，但也不可能每天都光靠嘴甜來解決三餐。為了降低吃飯成本，我們姐弟三人經常在家附近的一家小攤子，點最便宜的陽春麵果腹，不然就是自己隨便亂煮一些東西來吃。

我對煮菜這件事可說是毫無天分。我的大原則就是：把菜洗好，通通扔進鍋裡，然後加入鹽巴和味精，隨便喇一喇煮熟就起鍋。嚴格說起來，這個過程應該只能說是「高溫殺菌」，不能稱之為「烹飪」。因為味道實在一言難盡，兩個弟弟對我的「實驗料理」都不大捧場，還笑我簡直就是在煮「ㄆㄨㄣ」[4]，根本不是人吃的東西。

記得有一次，我想煎個菜脯蛋，但我不知道菜脯這種東西要先泡水，甚至要汆燙過才能用，也不知道菜脯本身就有鹹味，就直接把菜脯跟雞蛋混在一起攪一攪，還另外加了鹽巴和味精，結果做出一盤宇宙無敵超級死

4 台語「繙」（phun），指餿水廚餘。

鹹的菜脯蛋，口味重到吃完可能要洗腎。

我把這件事當「趣聞」到學校跟老師說，那個老師人很好，聽了大為不忍，放學後還特地買菜到我家，親自教我煮菜。可惜，我並沒有因為老師的短期惡補就變成小小廚神，「手藝」還是沒有多大長進，不過至少是「能吃」啦，比起美食遠遠不足，但比「ㄆㄨㄣ」應該是有餘的。

回想起那段時間，儘管日子過得並不寬裕，但我還是覺得能跟心愛的媽媽留在高雄，是一個相對來說比較幸福的選項。

但是，父母離婚後要跟誰過，從來不是未成年子女說了算。到後來，我們三個還是被帶到台中，跟我爸一起生活。

變調的小旅行

嚴格說起來，我們三個是被「拐」去的。

我國二那年暑假的某一天，阿嬤和姑姑突然來我家，說要帶我跟弟弟去吃飯，還說既然放暑假了，乾脆帶我們去台中玩幾天再回高雄。難得有出去玩的機會，我跟弟弟都很興奮，馬上收拾好簡單的行李，就跟著阿嬤和姑姑上台中。雖然來不及告訴還在上班的我媽，但我心想，阿嬤跟姑姑也不是外人，之後再打電話跟我媽說一聲就好。

到了台中以後，阿嬤把我和弟弟安置在一間位於十三樓、三房兩廳的房子裡，雖然那個房子有一點「家徒四壁」，家具很少，但我跟我弟一開始都很開心，感覺就是個難得的小旅行。

沒想到，這根本不是小旅行，而是「軟禁」！阿嬤跟姑姑把我們關在房間裡，禁止我們外出，也不讓我們對外聯繫，我根本沒辦法告訴我媽我們人在哪裡。而且更誇張的是，我們剛被安置，在高雄家裡的書桌、彈簧床等家具，隨後就被通通搬上來放進房間，於是原本空蕩蕩的十三樓房子裡，瞬間就有了一堆舊家具。

我越想越不對勁，該不是不打算讓我們回高雄了吧……？

晚上，我開始策動我弟，三人在房間裡邊哭邊唱：「世上只有媽媽好，有媽的孩子像個寶……。」想說這樣或許可以讓阿嬤心軟，放我們回高雄。沒想到，阿嬤絲毫不為所動，還火冒三丈對我們破口大罵：「攏幾點了！擱咧唱啥洨？恁是勒哭么[5]哦？」

被「軟禁」了三天以後，我覺得無論如何一定要趕緊設法聯繫上我媽，我們姐弟三個這樣突然失蹤，我媽肯定心急如焚。於是我跟兩個弟弟串通好，由他們兩個想方設法把阿嬤和姑姑纏住，調虎離山，我再趁機偷溜下來找公共電話打電話給我媽。

電話一接通，聽見我媽的聲音，我就忍不住嚎啕大哭。

我爸做得還真絕，聯合我阿嬤和姑姑把我們騙上台中以後，就把高雄家裡堪用的家具全都運上來，還把我媽的衣服、包包什麼的全都扔掉，只留下一張破舊的木板床；就連學校那邊，也已經幫我們辦好轉學手續，早有預謀鐵了心要搶走小孩。

我媽一回到家，看到小孩不見了，雖然很慌，但她心知肚明，一定是前夫趁自己不在時偷偷把小孩帶走，問題是，她根本不知道我爸的住處，根本無從找起。

我媽在電話那頭著急地問我：「你們在台中哪裡？」

「嗚……我也不知道啊。」我哭得六神無主。

「妳看一下附近，把看得到地址的字全都唸給我聽。」

我環顧四周，把可以看到的地址、地標都報給我媽後，才急急忙忙回到阿嬤那裡。阿嬤看到我回來，怒不可遏地把我狠狠打了一頓，但我覺得這頓打很值得，至少我有成功通風報信，讓我媽知道我們人在何方。

二十萬「贖回」女兒，要或不要？

我媽知情後當然馬上趕過來，想要帶回小孩，可是我爸並不同意。他們在大樓中庭爭執時，我弟躲在旁邊偷聽，他聽到我媽對我爸說：「我可以給你二十萬，女兒給我，兒子留給你。」但是我爸覺得二十萬這個數字

5｜台語「哭枵」（khàu-iau），罵對方無理取鬧。

太低了，斷然拒絕，甚至獅子大開口地表示：「沒有六十萬就免談。」

我弟聽了父母的對話深受打擊，回來邊哭邊轉述，說我媽只想要姐姐，不想要他們兩個了。

我很懂我媽，我知道她並不是「不要」我弟了，而是因為她深知自己無法要走所有小孩。她既沒有錢也沒有時間，不可能走法院這條曠日廢時又消耗金錢的路，而傳統上，男方是不大可能放棄兒子的。因此，就她手頭極其有限的資源，最有可能要回去的，就只有女兒一個人而已。

對我媽來說，這其實是一個情非得已的心痛決定；但是對我弟弟來說，內心卻非常受傷。我那個弟弟的心理素質本來就沒有我這麼頑強，在我媽「出價贖女兒」事件後，更在他心裡留下深深的陰影，覺得自己被媽媽拋棄、背叛了。原本就比較壓抑的他，後來就變得更加內向、陰鬱了。

多年之後回想，當年應該更留意我弟的情緒，但是那時候的我，也只是個在雙親爭執中「待價而沽」的小孩子，又有什麼能力可以承擔另一個人的憂傷？

或許有人會問：既然爸爸這麼缺錢，幹嘛不用我來交換二十萬元呢？

我可以猜出為什麼我爸不同意，因為二十萬的「贖金」，真的太「便宜」了。

我當時雖然還半大不小，但已經足夠懂事到可以幫他照顧阿嬤和弟弟。更直白地說，我的「利用價值」應該是高於二十萬的，這筆「交易」並不划算，所以我爸才會開出六十萬的條件。

但我媽要是拿得出六十萬，還用得著這麼辛苦兼那麼多份工作嗎？最後，他跟我媽這場中庭爭女談判，當然只能以破局收場。

不能繼續跟著我媽，我當然很遺憾，但是我也很清楚，這是難以改變的現實。

我一直是個很能面對現實的人，糾結在不能改變的事情上，根本只是浪費力氣。既然現實無法改變，那好吧，我就暫時認命，試著接受。

我會等到自己長大，到了那一天，我會拿回我人生的自主權，回到深愛著我的媽媽身邊，告訴她：「這麼多年來，妳辛苦了。」

打工少女時代

只要還活著，至少我可以對這荒謬疊加的命運，大罵一聲：「幹！」

跟著我爸，日子並沒有變得比較輕鬆。

他經常連我國中的午餐費都忘記繳，到最後，我只好自己想辦法賺錢。

我從十三歲起就開始打工，第一份工作是在家附近的一間便利商店當店員。下課後，從晚上六點開始上班到晚上十一點。當年法令還不像現在這麼周全，沒有人會去檢舉老闆雇用未成年人，我才能得到這個工作機會。

領到人生中第一份薪水，按理說，應該要買些好吃好玩的東西，犒賞一下自己的辛勞吧？但是，我的第一份薪水卻是用來把我爸爸從拘留所保出來。

千金難買早知道

為什麼我爸會被抓到警察局呢？就我聽到的版本是這樣的：我爸那時候在建築工地做工頭，但是營造組沒有如約付款，他沒辦法發給工人錢，工人便來家裡討。我爸那天剛好喝得有點醉，竟然一個衝動就提著汽油去恐嚇營造組，最後就被報警扣走。他在拘留所打電話回來說，需要九千元保他出來。

我整個傻眼！當時我在便利商店打工的月薪也才六千元，去哪裡生九千元出來？沒辦法，我只好去跟便利超商的老闆下跪，哭著請他預支下個月的薪水給我，這才順利地把我爸保出來。

我本來就沒指望過我爸這個男人可以善盡父職，讓我們姐弟三人過上幸福美滿的日子，但我萬萬沒想到，他竟然靠不住到這種程度，沒養我就算了，還要我這個十三歲的女兒籌錢幫他擦屁股？天公伯啊，我這人生是不是也太荒謬了一點？

國三面臨升學選擇時，我優先考慮的不是興趣，也不是前途，而是這間學校方不方便讓我半工半讀。

其實，我心裡最屬意的學校是華岡藝校。我的個性外向活潑，又熱愛表演，長相也標緻，如果讀了華岡藝校，搞不好之後就是一顆閃閃發亮的明星呢！但是打聽之下，華岡藝校一學期的學費要四萬多，而且還要住宿，我根本負擔不起，再想讀也只能忍痛放棄。

我後來選擇去讀台中高農（即現在的國立中興大學附屬台中高級農業職業學校）餐飲科夜間部，學雜費加制服費三千元有找，晚上上課，白天我還可以打工。

我才十幾歲，就已經有相當豐富的工作經驗。除了便利商店，我也在大賣場上過班，是全單位最小的員工，大概是心疼我小小年紀就要出來賺錢，那間賣場從上到下每一個叔叔、阿姨、哥哥、姐姐都很寵我，我在那裡工作還挺開心的，雖然忙累難免，但被很多人疼愛的感覺，確實很好。

相較之下，在家裡的壓力反而比較大。我阿嬤的情緒很不穩定，整天要嘛唉聲嘆氣，要嘛怨天尤人，動輒又哭又鬧：「恁爸不關心我，恁三個嘛不管我死活就對了！」有時候脾氣一來，抄起東西就往眼前的人身上亂扔，我經常要擋在我弟弟面前，以免阿嬤發作時傷到他們。

回想起來，我阿嬤應該是有躁鬱症之類的精神問題，只是當年關於身心症的資訊不像現在這麼發達，我們年紀又這麼輕，見識更淺，只會覺得阿嬤就是個情緒起伏超大、脾氣無敵暴躁的老女人。正常來講，應該是你們這些大人來照顧我們這些小孩才對吧？我們哪有能力去解析大人們的處境呢？

若干年以後，我阿嬤以相當觸目驚心的方式輕生，更驗證了她應該早就有躁鬱症的猜想。有時想想也挺感慨，很多事情若能早一點知道、早一點處理，也許就不會有後來這些遺憾。

但是，千金難買早知道，這就是人生。

我不懂英文，但我懂人

我念高中時，不只是白天打工，連晚上都不放過，十點夜校下課後，再去兼一個工作。原本我打算去麥當勞上晚班，但發現一間墨西哥餐廳打烊班開出的時薪更高，我、需、要、錢！當然全力爭取。

因為墨西哥餐廳的外國客人很多，其中一項工作條件是要懂英文，面試時，主考官問我：「妳會講英文嗎？」其實那時我的英文爛到爆，但為了得到這份工作，我不管三七二十一就說：「我會、我會！」

可能我的態度非常積極又自信吧，還真讓我應徵上了。如果遇到老外客人，雖然我英文不怎麼樣，但我很有親和力，而且超會演（我可是讀華岡藝校的料啊），加上一般餐廳常用的英文會話，差不多也就是那些，很快我就適應了，而且應付得還不錯呢。

我既活潑俏皮，又相當善解人意，很多客人都很喜歡我，想跟我約會的不在少數。而且我男女通吃，曾經有一個外國蕾絲邊客人對我很有好感，還在我下班後，約我去隔壁巷子酒吧喝兩杯，她滿嘴洋文，對著我嘰哩呱啦就是各種傾訴。其實我大部分都聽不懂，但看她的神情，似乎在訴說一些很讓她感嘆的事，反正不管她講什麼，我的回應大概都不脫三句話：

「Really?」

「Oh, no...」

「Oh, my God!」

一開始，酒吧的調酒師看我跟老外說得有來有回，還以為我英文超溜，等客人去洗手間時，還偷偷誇了我一下：「妳好厲害啊！」我老實跟他坦白，我其實就只會那三句。後來客人回座，他仔細聽我們的對話，這才發現，我還真的就只會那招，大多數時候，我和客人根本就是雞同鴨講。

但，這並不妨礙我成為一個傾聽者。

我是不太懂英文，但我懂人哪。

有時候，人就只是需要一個能夠好好傾聽自己的對象，聽他好好地說說自己的故事，自己的喜怒哀樂、悲歡離合。

雖然詞彙貧乏，但搭配上充滿同理心的眼神、表情與口吻，我就是一朵人間解語花。客人說的內容我到底聽不聽得懂，那不重要；重要的是，我陪在他身邊，看著他的眼睛，專注認真地傾聽他的故事，這樣就夠了。

比抓馬更抓馬的事

說起來，雖然我當時還是個少女，但我那十幾年的人生故事，跟我有聽沒有懂的那位客人的故事相比，搞不好還更奇葩。

不知道我是天賦異稟呢，還是經歷太多「抓馬」到有點「免疫」了，以至於發生更多戲劇化的事情時，我的反應反而有點異於常人。

一九九九年九月二十一日凌晨一點多，台灣發生九二一大地震，震央在南投集集，台中因為距離震央很近，也算是「搖滾區」。

那天，餐廳打烊後，我在廚房洗餐具。好不容易把所有餐瓷、杯子通通都洗完，突然一陣劇烈搖晃，玻璃窗被震得哐噹哐噹作響。因為我正忙碌地到處走動，一開始還沒意會過來是地震，聽到店長對著同事 Ken 大吼：「關瓦斯！快跑！快跑！」我一時反應不過來，還愣站著沒動，多虧 Ken 機靈，抓著我的手就往門口衝。他真是個紳士，沿路還用手臂環住我的頭和臉，免得被掉落的東西砸傷。

在天搖地動中，伴隨著各種餐瓷、玻璃杯全都被震落摔碎的「嘩啦嘩啦」聲音，但我不知道自己當時腦子是哪裡接錯線，在這場驚世災難中，我心裡想的卻是：「啊幹！餐具我才剛洗好說……媽的白洗了！」

隔天，我跟朋友騎著摩托車到附近兜了一圈，真的是滿目瘡痍，新聞放送的災情畫面更是驚悚到超現實的地步，好多房屋塌了、好多人死了。

面對這場大地震，我家那些荒謬的家庭「抓馬」，好像突然也沒這麼戲劇了……最起碼，我毫髮無傷「規欉好好」活下來了，不是嗎？

活著，就有希望。

就算天塌下來，只要還活著，至少我還可以對這荒謬疊加的命運，大罵一聲：「幹！」算是給自己壯膽，其餘一切，就當作是渡劫吧。

直銷歧路

一隻蝴蝶在巴西輕拍翅膀，
可能導致一個月後德克薩斯州的一場龍捲風。

一開始的某一個小變化，就有可能造成巨大的連鎖反應，這就是「蝴蝶效應」。

在我還很年輕的時候，做了一個決定，這個決定起初只是一隻輕拍翅膀的蝴蝶，後來，竟成為席捲我人生的龍捲風。

滿十八歲後，我立刻離開我爸，北上去找我媽，她那時候已經在台北找了個對象，在一家模具工廠當作業員，日子過得平靜安穩。

我原本在泡沫紅茶店小歇上班，但我媽覺得那種工作不穩定，又沒有加班費，硬是要我跟她去工廠上班。

但我天性活潑、喜歡接觸人群，工廠裡機械性的重複工作簡直快把我逼瘋，我做到第三天就受不了，忍到第十天就已經快要崩潰！但我媽軟硬兼施，要我至少等領到薪水才能走，我只好強迫自己做了一個月，等領到薪水後，我立刻走人。這種工作真的不適合我，還是做服務業比較有意思。

我輾轉做了幾個餐飲、門市的工作，後來透過朋友介紹，到百貨公司站專櫃。在百貨公司工作，每天可以穿著整整齊齊的套裝、絲襪、高跟鞋，除了底薪，還有獎金，感覺整個人生好像「升級」了，變得光鮮亮麗不少。

可是站專櫃的底薪加上獎金，其實沒有多少錢，我又很愛買東西，在物質欲望超過所得的情況下，我開始渴望能夠賺到更多錢。於是，我接觸了傳直銷。

在那個當下，我並不知道這個決定，會讓我走向另一條完全出乎意料的人生路。

為愛癡迷的跨國戀情

我加入這個傳直銷的產品是來自法國的薰香精油，每瓶大概五百毫升，可以用薰香燈點燃，會散發出特殊的香氣。我的上線是我來台北以後結交到的第一個朋友，她接觸直銷後，介紹我這門賺錢的機會，因為是姐妹淘，我不疑有他也跟著加入。

公司告訴我們，透過產品的芳香療法，可以改善人的多種疾病。或許因為年輕吧，當年我是真的相信了。我推銷這些昂貴的產品給我的客人時，我真心認為這些產品能夠幫助客人改善健康。或許因為我很誠懇，加上我又能言善道，業績很快就超越我的上線，做了半年後，大概就賺了二十幾萬。

可是這些錢，我幾乎都花費在一場當時覺得刻骨銘心的戀愛上，而這場戀愛，也間接讓我發現，原來我所堅信的「生意機會」，其實是一場虛幻的騙局。

當時，我在夜店認識一個短暫來台的法國人，兩人很快就墜入愛河。

二十幾歲的我，還是徹頭徹尾的戀愛腦，就這樣沉醉在粉紅色的戀愛泡泡中，一心一意只想存錢，飛到法國去會情郎。

對方完全沒有打算幫我付機票錢，是我自己一廂情願，辛辛苦苦存了半年的錢，還跟公司請了兩個禮拜的假，遠渡重洋去找愛人。到了法國，「男友」讓我跟他住在一起、煮飯給我吃，但其他開銷都是我自己買單。這些花費累積起來可不是小錢，我也做好回來以後，恐怕又要縮衣節食半年的心理準備。

後來我入行當酒店小姐，第一個媽媽桑聽我說起這段往事，橫了我一眼，冷冷地說：「妳這個憨雞掰[6]就是欠幹，敢脫褲子、不敢要錢，連妓女都不如！」

媽媽桑看盡世情，話雖然有點難聽，但她說的是事實。如果對方是認

6　台語「膣屄」，意指女性的性器官，也是一種帶有貶損意義的粗口。在這裡，媽媽桑的意思就是：妳這個「憨查某」。

真跟我談一段戀愛，怎麼會讓我獨自負擔這麼高額的旅費？說穿了，對方圖的也就是一個自願送上門的露水情人罷了。

可是當時的我太年輕，在戀愛的玫瑰色濾鏡下，完全參不透這個簡單的道理。我覺得自己就是在談一場浪漫得要命的跨國戀愛，所以不管是機票、旅費什麼的，沒關係，我可以出！

如今想起來，當時的我真是傻得無可救藥。

精心包裝的騙局

還記得前面說到，當時我也兼差在做直銷嗎？

那間公司號稱自家產品是純正的法國血統，旗艦店就開在巴黎香榭大道上，公司還告訴我們，只要業績達到某個極高門檻的經銷商，就能獲得到旗艦店「朝聖」的資格。因此，我們這些「經銷商」的夢想，就是有朝一日能得到公司招待前往巴黎的機會。

我心想，既然人都已經來到巴黎會男友，何不順便去參觀一下公司華麗氣派的旗艦店？

於是，我循著公司告訴我們的地址，找到了那間「旗艦店」。然而看到之後，我整個人都呆住了……。

是的，那裡座落著一間美輪美奐的大店，但是，並不是直銷公司宣稱的所謂「旗艦店」，而是一間販售美麗餐瓷、家飾品的店。裡面的確有陳列那個直銷品牌的精油，但是就只有一張小桌子，上面擺放五瓶薰香精油而已。

怎麼會這樣？我在台灣看到的照片，可是滿滿一家店都是精美的產品呀！這才能叫做「旗艦店」，不是嗎？怎麼會只有這麼一丁點大的櫃位呢？我不敢相信自己的眼睛，前前後後又在那間店裡繞了三四圈，確定所有「產品」都在那張小桌子上了，根本沒有什麼「旗艦店」。

更讓我傻眼的是，這五瓶精油的售價其實還挺平實的，完全不是直銷公司賣的天價。我之前為了要成為經銷商，可是先背上四十萬的貨，甚至我自己還曾買過一瓶三萬塊的精油！結果，這個在台灣被吹得天花亂墜的高級貨，在法國本地竟然只是在家用品店販售的一般薰香精油而已？

原來，這一切不過是一場精心包裝的騙局嗎？

在賽納河畔哭泣

因為過於驚愕，我內心狂跳，但還是強自鎮定跟店員說：「桌上那五瓶精油，我全包了。」

我拎著那一袋重重的精油，失魂落魄走到賽納河畔的一間咖啡廳，坐在露天咖啡座，跟服務生要了一杯咖啡。對方嘰哩咕嚕跟我講了一串外文，我根本聽不懂，只是默默地把一堆零錢掏出來給她，對方似乎滿意了轉身離開，她前腳剛走，我忍不住就開始嚎啕大哭。

我想起自己曾經賣過一組一萬多塊的精油，給一個住在三峽、經濟狀況其實頗拮据的客人，她的爸爸有肺病，她是因為一片孝心，想要改善老父親的健康，才咬牙買下這麼貴的東西。成交那單時，我並不覺得我在坑客人，因為我當時真心相信公司產品能促進客人的健康，花點錢買健康，肯定是值得的。

但坐在賽納河畔時的我，回想起那個客人雖然為難但又充滿期盼的神情，內心不禁湧現強烈的愧疚，覺得我他媽簡直就該下地獄，竟然敢賺這種錢？

產品不假，確實有這些東西，也真的是法國貨，但是這些產品的功效就只是芳香，根本沒有直銷總公司標榜的神奇療效。在法國當地，甚至只要在超市就買得到，差別只是包裝是塑膠瓶，價格還比玻璃瓶裝的更便宜。但我卻不知不覺做了直銷公司的幫兇，把這些普通的芳香劑當作靈丹妙藥，以高價賣給客人。

而且，我還拉了許多相信我的下線入行，他們跟我一樣，花了大把鈔票，盤了一堆貨。如今，我該怎麼收拾這一切？

債台高築

或許，我可以假裝什麼都不知道，繼續賺黑心錢；或是找個方法，默不做聲退出就是了。但是這樣做，我的良心過不去，這些人都是因為對我信之不疑才誤上賊船，我怎麼能夠繼續騙他們？

我得講義氣才行！要讓我的下線知道真相，而且要設法把他們的損失都降到最低。

回國以後，我把每一個下線約來懇談，跟他們說我不做了，也坦白告訴他們我在法國看到的一切，很多人就也跟著退了。因為已經開過的精油，公司是不會回收的，為了彌補下線的損失，我就用半價跟他們把這些產品買回來。

可是，以我一個薪水才三萬塊的專櫃小姐，要吃下這麼多貨，哪兒來的錢？

於是，我選了一個危險的方式調頭寸：信用卡。

現在銀行發卡比較謹慎，會審核再三，但早期銀行只會拚命發卡，根本沒有人會跟客戶強調什麼信用無價，也不會特意跟客戶揭露複利的可怕。當時我只知道，我需要一筆錢來解這個燃眉之急，而現金卡、信用卡正好提供一個貌似方便的周轉管道。

於是，我一口氣背上八十萬元的債務，那一年，我才二十二歲。

因為每個月最低應繳金額就高達四萬，我付不出來，只好以卡養卡，也因此，這八十萬元的債務在若干年後，逐漸滾成一個我還也還不起的天文數字！不過，這是後話了。

直銷這條歧路，讓我瞬間債台高築。接下來的日子，就是不斷被錢追著跑，為了能多賺一點點錢，我什麼都做。

因為我學生時代曾交過日本男朋友，在他的訓練下，我會講一些日文。那段時間，為了節省開支，我跟專櫃小姐講好，只要請我吃晚餐，我就利用吃飯時，順便教大家簡單的日文，這樣我就可以省下一餐飯錢。但光是節流也不夠，還要想辦法開源。因為我媽以前教我打過毛線，有一陣子，我拚命打毛線帽，下班後擺地攤來賣，為了賣出帽子，甚至還願意當場幫客人改頭圍。

記得有一次，我帶了十頂在路邊賣，有一個男士看了一陣子，挑上其中一頂買下了。我發現隔壁老闆一直打量那位客人，客人走後，他驚奇地說：「你知道剛剛那是誰嗎？那是溫慶珠的男朋友耶。」

真的假的？我的手工藝品竟然被知名設計師的男朋友看上了？

那個老闆覺得能被溫慶珠男友看上的商品，肯定很不錯，於是立刻包下我帶去的所有帽子，那天我就提早收工了。

經此鼓勵，我更加勤奮地織帽子，只要專櫃沒客人時，我就偷偷打毛線帽，熟練到一個小時就可以打一頂。可是，我後來織的那些帽子卻嚴重滯銷，只是堆在家裡變成庫存，而且就算有賣出去，也賺不了幾個錢。

我急需要錢！而且需要相當多的錢！

到底有什麼方法，可以讓我賺快錢呢？

PART 2

溫柔鄉

欲望城市

在走投無路、無計可施之下，
我只能去男人堆裡賺錢了。

為了抒解債務壓力，我做過很多種兼差，但對於那筆龐大的卡債來說，增加的這一丁點收入只是杯水車薪。

走投無路之下，我只好考慮「下海」。

我不是沒有掙扎過，但是，對我這樣一個沒有特殊所學和專長的年輕女子來說，青春與美貌是我唯一能夠賺到快錢的籌碼。

我在台中讀書時，有一個姐妹淘在金錢豹上班，她的收入的確不錯，但工作也非常辛苦，我經常要去把喝得醉醺醺的她扛回家。當時我對酒店業的認識尚淺，我以為所有酒店小姐的工作就像是這樣，每天得被客人毛手毛腳、灌酒。

我從不幫自己立什麼清純玉女人設，但是如果工作中有這麼多身不由己，真的也滿讓人卻步的。但當時，我實在已經無計可施，只能去男人堆裡賺錢了。

應徵前，我還不斷催眠自己：「沒有什麼好過不去的！妳本來就很喜歡性生活，不是嗎？可以打砲又可以賺錢，也沒什麼不好啊，這樣的人生總比那些四、五十歲還沒有過任何男人經驗，一輩子都在賣牛仔褲、賣包包的百貨公司專櫃姐姐們多彩多姿吧？上吧，別想太多了，沒什麼大不了的！」

面試前，我甚至已經想好一套跟酒店媽媽桑「協商」的說詞：「我可以做，但前面十個男人可以讓我自己選嗎？」我的盤算是，就算要賣，至少前十個得自己看得順眼，才做得下去啊！而經歷完這十個以後，也許之後會比較順利，或至少比較習慣吧？

原來不一定要「賣」

我的第一家店是在報紙分類廣告上找的。其他酒店業者的廣告都是彩色的，說詞也差不多，都是徵求什麼「漂亮公主」、「桌邊寶貝」之類的，但是那一家店的廣告是黑白的，而且也沒有太多情色感的介紹，只是寫著「會英日文，薪優」。

嗯，英日文我都會一點啊，衝著「薪優」這兩個字，就是它了！

這間店位在晶華酒店附近條通的地下室一樓，媽媽桑是個個頭小小、身材肉肉，剪了一頭俐落短髮的年長女性。

面試時，我趕緊把事前沙盤推演過的「前十個男人讓我挑」說詞拿出來，打算跟媽媽桑協商。媽媽桑聽了一怔，忍不住笑了：「妳要找那種店喔？我們沒有餒，還是我幫妳介紹？」

咦？不用「賣」也可以哦？我連忙說：「不用、不用介紹！我本來以為全部都是這樣的，可以不用，當然最好。」

我之所以對酒店業有這種「都要賣」的印象，除了是聽姐妹淘的職場經歷以外，也跟我高中時某一次不堪回首的打工經驗有關。

高中時，我曾經去一間聽說小費很豐厚的半套店應徵服務生，結果這個「服務」，竟然包括要幫客人「做手工」，我還記得那個客人是個看起來像是做粗工的中年人，一上來，二話不說就大剌剌露出命根子要我幫他「擼」。

這是我第一次這麼近距離看到男人的老二，當時十七歲的我整個嚇壞了。雖然我之前早已跟當時的小男友嚐過禁果，但兩小無猜，做起愛來也是偷偷摸摸、小心翼翼的，連男性生殖器到底長什麼樣子都沒看清楚過，完全不是這種毫不遮掩的「特寫場面」。

但當時已經騎虎難下，眼看附近的幾個姐姐都開始「擼」了，我只好硬著頭皮完成眼前的「服務」。離開時，我拿到二千塊小費，有錢賺的確讓人很開心，但是我只做了一天，就不敢再去了。這一次客人是要我「做手工」，這勉強還能過關，但萬一下一次客人要我提供「口技」，我可就完全不願意了。雖然小費讓人心動，但對我來說，這份工作的挑戰性真的太高了，想想還是算了。

因為這些所見所聞，我一直以為酒店業都一定要違背個人意志，為客人提供「特殊服務」。直到那次面試，我才知道原來還有些店是可以「賣藝不賣身」的。而這間店，也成為我正式踏入八大行業的起點。

日式酒店：賣的是曖昧

我現在不定期會為一般民眾做條通導覽，很多對八大行業沒什麼概念的參加者最好奇的問題就是：酒店裡到底在幹嘛？什麼是日式酒店？什麼是台式酒店？制服店、禮服店、便服店又是什麼？

為了讓讀者們更好理解，在進一步談我的行業見聞前，先幫大家「科普一下」台灣酒店業的大致型態好了。

條通這邊的風俗業者，大致可以粗分為兩大類：日式酒店與台式酒店。

從地域來看，林森北路這一帶的日式酒店多半集中在南京東路以南，而台式酒店則比較多位於南京東路以北。

因為日式酒店一半以上的客人都是日本人，店家都會要求旗下小姐要會講日語。日式酒店無論是消費模式或是服務風格都走日本風，收費方式很單純，只有算人頭費跟酒錢。包廂是開放的，採公檯制，小姐們會輪流在不同桌為客人服務。早期，日式酒店的小姐甚至必須受「類藝妓」的訓練方式，學習茶道、花道，讀懂日文報紙，講究談吐與儀態，以迎合日本客人的偏好。

Netflix 影集《華燈初上》裡蘇媽媽跟 Rose 媽媽聯合經營的「光」，就是典型的日式酒店，劇情中有一段談到，日式酒店賣的是「曖昧」，說得就極其精準，日式酒店裡流動的欲望，都只是若有似無、點到為止，小姐提供給客人的服務，更多的是一種「傾聽」。

台式酒店：五花八門，應有盡有

至於台式酒店，則形形色色、各有千秋。所謂制服店、禮服店、便服店，也是台式酒店的分類。

有別於日式酒店的公檯制，小姐是輪流服務不同桌的客人；台式酒店多採私檯制，也就是說，小姐只在同一桌服務選定她的客人。很多台式酒店都有所謂「選妃」制，專業術語叫做「看檯」，店方會安排一輪又一輪的小姐讓客人挑選，就好像是古代皇帝「翻牌子」一樣，被客人挑中的小姐就上檯服務，每一檯時間由十到數十分鐘不等，檯費單價則因店而異。

在台式酒店中，「制服店」消費最便宜，小姐的素質相對起來也比較參差不齊，但以敢玩、敢脫見稱，因為收費相對便宜，玩法尺度又大，客人自然也是三教九流，從上班族到生意人，從富二代到道上兄弟，什麼樣的人都有。

有些民眾以為所謂的「制服」，指的是水手服、護士服或甚至軍服那種角色扮演，其實不是，那一類的衣服都太難脫了，不符合需求。制服店小姐的「制服」是很「清涼」的那種，通常是小可愛加一件薄紗而已，酒店在客人入店消費後三十分鐘，就會關燈秀一次舞，這時小姐會開始脫衣，跟客人來場遊走在尺度邊緣的激情互動。

而「便服店」則是台式酒店中最高級的一種，消費也最貴。主要消費客群是商務人士，其中也不乏高階專業經理人、實業家、企業家，有些是去那裡談生意的，有些則是招待客戶去娛樂的。為了服務這些富商巨賈，便服店的硬體裝潢不僅是台式酒店中最高級奢華的，小姐的顏值、身材、氣質、學歷、談吐，也是台式酒店中最優的，她們不脫衣、不秀舞，單純就是陪客人唱歌、聊天。

至於「禮服店」，在消費方式和小姐素質上，則介於「制服店」與「便服店」之間。跟便服店一樣，禮服店小姐也是不脫衣、不秀舞，因為很多店家會要求小姐穿小禮服上班，故稱「禮服店」。撇除私檯、公檯的差異，禮服店跟便服店在服務內容上，跟日式酒店比較接近。

早期，制服店較不接待外國客，因為怕萬一出什麼事，牽涉到外國人比較麻煩，而外國客人因為人在異鄉，比較多顧忌，加上也沒有「門路」找到這一類的店，因此也較少會去光顧這種玩太開的店。但儘管如此，還是會有一些俗稱「三七仔」或「牽猴仔」的掮客，會在路上搭訕外國人或看起來像日本人的客人，帶他們去一些「特別」的地方玩。

我還記得我第一次去制服店，就是跟著三個日本客人去長見識的。我們進去之後，被帶到一個類似卡拉ＯＫ包廂的地方，坐定以後，五個身穿薄紗的小姐走進來，讓客人看檯「選妃」。我們那一次一共看了兩輪，最後點了四位小姐服務，就連做為陪客的我也必須挑一位。

因為那些小姐都不會講日文，我還要負責居間幫他們翻譯。我們亂聊了三十分鐘左右，包廂內的燈光突然暗了下來，音樂震天價響，天花板吊著的鏡面 Disco 球開始旋轉，投射出千萬點迷離光影。

與此同時，身旁的四位小姐都站起身來，其中一位對我說：「妳跟日本人說，不可以咬喔。」說完，她們就開始脫衣、跨上客人大腿，瘋狂扭腰擺臀起來。

我這些客人都是去慣日式酒店的，顯然不知道會有此陣仗，個個嚇得目瞪口呆，完全不敢輕舉妄動。他們震驚的反應倒是把我逗樂了，在一旁笑得前俯後仰。

相伴一段

無論是日式酒店也好、台式酒店也罷，在這座五光十色的花花城市中，流動著情與慾的，又豈止是酒店業一種？從大頭打理到小頭的理容KTV、提供「手工」和「口技」的半套店和喇叭店、主打東南亞風情的越南店、疫情時因為「人與人連結」鬧得沸沸揚揚的萬華阿公店、春色無邊小套房的樓鳳、機動性強的傳播妹、飯局妹，都是城市湧流欲望的出口。

我在二十五歲那年，進入這個寄生於情慾上的世界，開始在條通討生活。從一開始在日式酒店當陪侍，到如今自己出來開酒吧，一路走來，看過、聽過太多或獵奇或魔幻的故事，甚至自己就是故事裡的主角。

有人說，「歡場無真愛，酒場無真情」，但什麼是真，什麼是假，又有誰能定義？在這個必須「閱人無數」的行業中，固然有許多人只是一晌貪歡，但也有一些變成了真正的朋友。

其實，所有的人際關係到頭來都只是相伴一段，差別只是這段關係或短或長，或淺薄或深刻，如此而已。我只能說，在與你相伴的此時此刻，我會盡我所能，認真與你交陪。

賞大酒

我們的工作是千面女郎，面對形形色色的客人，
化身為他們心目中的女神。

嚴格說起來，我入行的第一間店，並不能算是很「正統」的日式酒店。日式酒店的消費計費方式基本上包含兩大部分：人頭費跟酒錢。所謂的人頭費就是 table charge，每一個客人收取一千二百元到一千五百元不等；酒錢的部分，則是看客人開幾瓶酒計價。日式酒店的酒價不菲，大略就是市售行情再多個「0」，比如說，外面一瓶五百元的威士忌，在日式酒店可能就訂價五千元甚至以上。而小姐的薪水，就是底薪加上十%左右的酒錢。

不過，我待的第一家店則是採「賞大酒」的制度。酒錢的計算方式以

「杯」計算，進來喝酒的客人若喜歡這個小姐，可以花錢請小姐喝酒；一杯是五百元，小姐跟店家各抽一半，小姐的薪資就是底薪加上每杯兩百五十元的抽成總和。

我們的底薪不高，如果希望能夠多賺些錢，就得讓客人多為你買幾杯大酒。而且，我們也是有基本業績目標的，沒有達標就得被扣錢。

或許有人會擔心，若是這樣，業績好的小姐豈不是每天都得喝到爛醉如泥？

嗯，這可就有「眉角」了。像我天生就酒量差，經常自嘲是「條通最臭俗仔的媽媽桑」，我連吃個燒酒雞都不勝酒力，怎麼可能狂喝？裝在我手上馬丁尼杯裡的，其實是紅茶，喝多少都不會醉的。

我的業績怎麼少了？

我們的業績是採每週計算。入行第一週，結算業績時，我發現媽媽桑少算了三杯給我，我明明有十五杯的業績，可是媽媽桑怎麼只算了十二杯給我呢？

我們那間店除了老闆娘以外，連我在內一共有五位小姐，我問其他同事，大家都神神祕祕地說：「妳千萬不要問，否則下禮拜會扣更多！」

不對啊，我明明就做到了這麼多業績，是媽媽桑自己算錯了吧？自己的權利要自己捍衛，我便去找媽媽桑據理力爭。

「噢？少了三杯是嗎？」媽媽桑滿臉堆笑，看起來沒生氣，我以為她會把少算的這三杯業績「賠」給我，結果到了下週結算時卻發現，非但沒有「賠」給我三杯，該週業績竟然還被扣了五杯！

我大吃一驚，同事沒好氣地說：「我不是跟妳說了嗎？不、要、再、問、了。再問，下週扣十杯，妳信不信？」

怎麼可能？媽媽桑一定是不小心搞錯了。我不信邪，還是跑去找媽媽桑：「媽咪，上個禮拜少三杯，這個禮拜少五杯，這樣總共差了八杯餒……。」

「是噢？是這樣呀？」媽媽桑看我這個「白目」又來爭業績了，似笑非笑、劈頭搶白了我一頓：「啊妳上廁所用的衛生紙不用錢？水電費不用錢？登廣告也不用錢？是不是？」她林林總總扯了一堆開銷，要讓我充分明白「店內費用，人人有責」的道理。

果然，到了下週結算業績時，我被結結實實扣了十杯！真是欲哭無淚。看來前輩們全都吃過苦頭，才會勸我不要再問了。看我瞠目結舌的樣子，老鳥同事忍不住好笑，紛紛跑來虧我：「十杯差兩千五喔，妳不是要捍衛權益嗎？再去問呀，趕緊去問呀。」

我這次可是學乖了，哪裡敢再去「據理力爭」？

看來，這是店裡的特殊潛規則，而且扣多扣少完全看媽媽桑自由心證，小姐是爭不過她的，越是爭取，扣得越多。所以，之後每當被零星「黑掉」一些杯數，我也就摸摸鼻子認了。

可以做S嗎？

我們的工作時間是晚上八點到凌晨兩點，可是如果有客人很喜歡某個小姐，想要提前帶她離場，也是OK的，只要把早退鐘點費（一小時一千元）彌補給店家就可以。

對於小姐來說，可以跟客人出去自由自在地玩樂，說不定還有「外快」可賺；在店外，客人給小姐的任何費用或禮物，都不用跟店家分帳，多開心啊！因此，小姐們通常都不想乖乖留在店裡上班，有些人就是進來店裡打個卡，就哄著客人帶她出場喝酒。

問題是，本來酒店裡就只有五個小姐，要是太多人早退，整間店變得冷冷清清，媽媽桑當然會有點不是滋味。但是從另一個角度來說，小姐跟客人有私交，也不失為鞏固客源的途徑，所以對媽媽桑來說，多少有一點左右為難。

談到「外快」，一定有人好奇地想問：日式酒店可以做S（性交易）嗎？

我在做條通文化導覽時，也常有參加者問我這個問題。到底日式酒店能不能做S呢？這其實並沒有一個絕對的答案，「原則上」是不行的，日式酒店的媽媽桑多半不鼓勵旗下小姐跟客人發生性關係，有些媽媽桑還會勒令旗下小姐不能去「睡」客人。理由是：日本人在台北的圈子其實並不大，有些媽媽桑可能會顧忌，如果有小姐跟某個日本客人發生關係，萬一之後傳得沸沸揚揚，使得其他客人因此覺得這間店的小姐都可以輕易上手，反而會對酒店經營造成困擾。

不過，能不能做S這件事，基本上還是得看每一間店媽媽桑的態度。

我工作第一家店的媽媽桑，對此就是睜一隻眼閉一隻眼，她絕對不會主動去「媒合」小姐做S，但是也不禁止小姐跟客人發生關係，因此小姐早退去跟客人做任何事，媽媽桑一概不過問。但是，我後來工作的第二家日式酒店，媽媽桑就很強調小姐必須要有所矜持，甚至還說：「一定要睡的話，也請睡副社長以上的，因為那種位階的客人會比妳更怕（有緋聞）傳出去。」

如果要拿《華燈初上》類比的話，我待過的第一家賞大酒的店，會比較接近吳慷仁飾演的寶寶媽媽桑開的「Sugar」，而第二家店，則更接近林心如飾演的 Rose 媽媽開的「光」一些。在我看來，這就是兩種不同的經營原則，並無對錯或高下之分。

我也不諱言，我在第一間店時，也有跟客人發生過關係。我當時遇到了非常疼愛我的客人，而我確實也很喜歡對方，我並不覺得我自己是在從事所謂的「性交易」，對我而言，比較像是在「交男朋友」，只是這個「男朋友」是我的客人，而他包養了我，提供我經濟支柱。不過，這又是另一個故事了。

媽媽桑的金句

注意！本篇章含有大量刺激性語言，讀者請做好心理準備（笑）！

我第一間店的媽媽桑，雖然很會「暗坎」小姐的大酒業績，聽起來好像是個不折不扣的「慣老闆」，但是總體來說，我對她還是頗服氣的。從某個角度來說，套句網路流行語，她在許多觀念上，還真是為我「開啟了新世界的大門」。

這個媽媽桑是個華僑，國語講得不怎麼樣，但台語、英語、日語都說得很溜。她年輕時做的是大場子的舞廳生意，店裡有請樂隊現場演奏，每天上班的小姐都是五、六十個人起跳。在她二十多年的從業生涯中，旗下帶過的小姐數以萬計，稱她是統御過萬千佳麗的歡場女帝也不為過。據說當年她的店，還曾提供給電影《金大班的最後一夜》做為拍攝場地，排場之大，可見一斑。

媽媽桑退休後，移民到美國生活，但可能是閒不住，又回來台灣開了一間賞大酒的店，我就是在她開店後第二年進來的小姐。

媽媽桑的「金玉良言」

別看媽媽桑個頭小小、珠圓玉潤的，一開口可是超級嗆辣，五句話裡有三句是粗口。第一次聽她訓話，我聽到整個下巴都快掉下來，從來沒有聽過有人講髒話可以講得這麼「行雲流水」。

媽媽桑習慣直接用生殖器來代稱性別，例如稱女性為「雞掰」、男性則是「雞巴」或「懶叫」[7]。我永遠都不會忘記她一邊抽著菸，一邊斜睨著我們的神情：「恁這些憨雞掰就是雞掰勒癢，欠幹啦！」

一開始，我真的很不習慣，心想這話也講得太難聽了吧？但是，偏偏她講的東西又還真有幾分道理，被她罵完後，一時之間竟然完全無法反駁。

舉例來說，大家聊天時，我說自己入行前存了半年的錢，飛去法國會男友的往事。媽媽桑聽完，立刻沒好氣地說：「幹，妳這雞掰有這呢癢就對了?專工飛去國外給人幹!是安怎?國外的懶叫是卡袂臭、卡好嗽[8]?」

「沒有啦，媽咪，我們是 true love 啦……。」

「Fucking true love 啦!」媽媽桑絲毫不留面子給我，然後用台語英語國語三聲帶的髒話連珠炮攻擊：「伊若是有愛妳，伊會幫妳出機票、會補貼妳請假這兩週的薪水。妳喔，就是去國外當 cheap woman 啊，妓女給人幹一砲還有八千塊，妳敢脫褲子不敢要錢，比妓女還不如!」

本來我還嘴硬想辯解幾句，但媽媽桑緊接著又質疑：「既然是 true love，那他怎麼不說要娶妳、不把妳接到國外去?」

7 — 雞掰（膣屄 tsi-bai）、懶叫（羼鳥 lān-tsiáu）分指女性與男性的生殖器官。

8 — 嗽（Sòu）：吸吮。

「我們還沒有聊到這一塊……。」

「Fuck you！妳就是雞掰勒癢啦！」

你聽，是不是很難聽、很尖酸刻薄？但是不是也挺有道理、難以反駁？

後來隨著我閱歷漸長，看的人多了、經歷的事也多了，就更心知肚明，媽媽桑說的才是真相。那段我曾經以為的真愛，說到底就只是一場我自己一廂情願的露水姻緣，只是當時的我被「戀愛腦」沖昏了頭，當局者迷。

從難以接受到頗有同感

我遇到的第一個媽媽桑其實並沒有手把手調教我們，該怎麼做一個稱職的酒店小姐，但是我還是從她身上學習到很多東西，特別是對於人性與世情的洞察。

她本人根本就是一個「金句王」，以下就摘選一些媽媽桑當年說過的金句：

【金句一】

「男人有三種女人忘不掉：一是初戀；二是花他最多錢，最後卻得不到的女人；三是床上功夫最合的女人。來不及當他的初戀，至少要當到後面這兩種。」

「初戀最難忘」這件事很容易理解，我後來遇過好幾個客人，記不住小姐名字，竟然就乾脆用初戀女友的英文名字來稱呼對方，可見得「初戀」對男人的意義有多麼深。而「床上功夫最合」這件事，也無須多做解釋，哪個男人不喜歡「功夫好」的女人呢？

至於第二種，就比較需要解釋了。根據媽媽桑的解釋：「『得不到』不等於『幹不到』，而是『追不到手』。」根據媽媽桑的分析，男人這種生物，花越多成本在某個女人身上，就越難以對那個人放手，所以媽媽桑的結論是：「越覺得對方是好男人，妳就越是要跟他拿錢，因為他花越多（成本）在妳身上，就越離不開妳，越是對妳念念不忘。」

【金句二】

「跟妳AA，有閒再去；請妳吃飯，隆重打扮。」

如果有客人要請妳吃飯，請務必隆重打扮，化精緻的妝、拿最貴的包包（最好是客人送的）、穿上絲襪和高跟鞋，這是給客人的尊重。至於那些約妳出去還跟妳「AA制」（費用一人一半）的男人，就不必非得要赴約，實在覺得很無聊、想打發時間再去就好。而且見這樣的男人，打不打扮也沒差，反正妳是自己出錢，不具「投資價值」。

媽媽桑說，小姐出門不打扮，客人就會覺得她是沒有質感的廉價女人，這樣的話，妳還想得到什麼貴婦級待遇？相反的，如果小姐盛裝打扮，穿短裙、踩高跟鞋，哪個客人會不上道到帶妳去吃士林夜市？

男人的確是視覺動物，我十分同意透過衣著修飾身形的重要。不過，關於要怎麼打扮才能讓男人動心，可能還是存在一些時代背景的差異。

十幾二十年前，日式酒店的媽媽桑普遍會看重「穿絲襪」這件事，不過現在就比較不同了，不穿絲襪的裸腿說不定還更能撥動男人心弦。

而且，很多客人反而比較中意那種看起來就像個女大學生的小姐，覺得這樣比較清純，沒有所謂的「風塵味」。事實上，很多酒店裡業績拔尖的小姐，並不是一般人想像中那種明豔嫵媚型的女子，而是類似徐若瑄、侯佩岑那種看起來楚楚可憐、人畜無傷的類型。

我認識一個以前在台式酒店上班的小姐，業績非常出色，她就是走這種「清新脫俗」路線。她跟客人第一次出去約會，都是穿牛仔褲、背帆布包，包包裡裝著書，一副剛下課的學生妹模樣，讓客人頓時心生憐惜，覺得這個妹妹好上進、好純真。很多客人甚至直接帶她去名牌店見見世面，想讓她也能擁有一件值錢的好東西。這位妹妹也很聰明，跟不同客人要的包包或手錶都是同一款，拿到手以後，就立刻把新的轉手賣掉，只保留一件跟客人約會時使用，讓客人覺得她都有珍惜自己送給她的禮物。

不過，這種「高顏值村姑」路線，也只適合少數小姐。我在這個行業摸爬滾打了一段時間以後，明白一個不變的道理：每個人都有最適合自己的「定位」，一味模仿他人，說不定畫虎不成還反類犬，根據自己的特質與優勢找到「定位」，才是王道。

至於我的「定位」是什麼呢？先賣個關子，之後再告訴你。

【金句三】

「要錢這件事，有講有機會，沒講沒機會。但不要直接伸手，要婉轉表達。」

在媽媽桑的觀念中，我們開店款客，讓客人掏出更多錢乃是天經地義。正所謂「有吵有糖吃」，她主張，如果我們需要客人提供更多資源，就應該勇敢開口。你提出請求了，對方要不要支持，是他的意願；但如果你沒講，一切都是零。

比如說，如果你想要開店，就大膽跟客人說，講十個、二十個，說不定其中就真的有一個口袋深又喜歡你的客人願意投資；但如果你沒問，就只能被動等待。

不過，跟客人要錢，也有段位高低。不能一個勁兒地去「拗」客人，有時候，委婉跟客人表達自己的實際需求，說不定還更有效。比如說，告訴客人自己面臨的實際狀況，像是自己得繳房租、保險，還要負擔孝親費等等，或許大方的客人聽了，就會主動出面幫你解決這些現實問題。

【金句四】

「不能只進不出，拿錢要回饋。」

小姐跟客人的關係，不能只是單方面接受金援跟禮物，也要有所回饋。至於回饋的比例，媽媽桑提出的原則是「八二法則」，也就是客人給你的價值跟你回饋的價值，約是八比二。因此，對於那些常常捧場，甚至會給額外零用錢跟禮物的客人，小姐也應該買一些小禮物回敬，諸如鋼筆、領帶夾、皮夾、圍巾等配件。如果小姐跟客人關係親近一點，甚至可以考慮購買襪子、襯衫或甚至高級品牌的內衣褲。

但八二法則也只是一個粗略的原則，因為有些客人出手極其大方，如果真的要用這個法則來算，那麼回饋的負擔未免太重了，這時，或許就可以用九一或更低的比值來算。回饋的比例並不是死的，重點是和客人之間要「有來有往」，關係才會長遠。

我待過的一間日式酒店，店裡還準備了一個禮物箱，裡面都是一些可以做為回禮的禮物，最貴的是一個價值八萬元左右的 Louis Vuitton 公事包，這種等級的禮物是特別回贈給一年貢獻五百萬以上業績的客人。至於送禮的時間點並沒有限制，但如果能在對於客人來說特殊的日子，像是生日、就任週年、喜獲升遷等，送上精心準備的好禮，就能讓客人倍感貼心。

【金句五】

「當小三要有職業道德，要尊敬姐姐。因為妳只需負責美麗，而她還要應付公婆。」

在這個行業，有時候會遇到一些有錢又有緣的客人想要「包養」陪侍，提供穩定長期的金援，講得直白點，也就是要我們做他的「小三」。媽媽桑認為，當人家的小三可以，但是要有「職業道德」！妳必須要低調且「守分」，一定要記住，客人就是必須以他的家庭為重，因此，要拿捏好自己什麼時候才能夠跟客人聯繫，不要給人家添麻煩，這就是做小三的「職業道德」。那些沒事去鬧「姐姐」（原配），弄得客人家雞犬不寧的小三，明顯就是職業道德不及格。

如果「姐姐」不知道妳的存在，妳甚至還應該貼心地幫客人準備好可以安撫「姐姐」的禮物，讓客人沒有後顧之憂。

如果「姐姐」知道妳的存在後，睜一隻眼閉一隻眼，那是最好的事，妳更要低調行事；就算姐姐不想跟妳和平相處，針對妳、排擠妳，那也是很正常的事，務必要體諒「姐姐」。畢竟，客人家裡那本難唸的經——什麼侍奉公婆啦、照顧子女啦，都是「姐姐」在唸，妳只要貌美如花，按時領錢就好了，為什麼還要自找麻煩與「姐姐」作對呢？

【金句六】

「要男人負什麼責任？妳自己都沒辦法對自己負責了。」

對於動不動就要男人為她「負責」的女人，媽媽桑可說是相當不以為然。她覺得，自己的人生自己負責，要男人為自己的人生負責，本身就是不切實際而且懦弱的想法。

以上這些，只是媽媽桑的金句「摘選」，我在那間店工作期間，她真的是每天都金句連發。當年我入行時，畢竟還很年輕，閱歷甚淺，對於媽媽桑某些殘酷金句，還真是有些難以接受，覺得簡直是價值觀嚴重扭曲，這個人的觀念怎麼會這麼偏差？

但是，當我在風月場浮沉多年後慢慢領悟到，媽媽桑當年那些金句，儘管有些乍聽之下滿難聽的，但還真他媽有點道理呀！

所謂情愛，所謂金錢，又甚至所謂人生，哎，說破了，不就是這麼一回事嗎？

愛我的人，還是愛我的錢

I'll remember to love.
You taught me how.
——宇多田光《First Love》

在我們這一行，有時候會跟客人發展出近似於戀愛的長期關係。有些客人會因為特別喜歡某個小姐，就願意「包養」對方——每個月提供一筆錢，讓這個小姐做他的情人。這類客人也就是所謂的 Sugar Daddy、乾爹或金主爸爸。

因為客人有金援，所以很多人都以為，對小姐來說，這就是一種商業行為而已，才不是什麼「真愛」；但事實上，在絕大部分的包養關係中，都是有「情」這個成分的。

我剛入行時，有次店裡生意十分清閒，都沒客人光顧，五個小姐沒事做，就開始閒聊。我們那個動輒金句連發的媽媽桑突然拋出一個話題：

「如果有一個男人想要包養妳，妳們覺得應該要多少錢才可以？」

大家七嘴八舌講了自己覺得合理的數字。這時，媽媽桑又發話了：

「那被包養了半年以後，Sugar Daddy 問妳：『妳到底是愛我的人，還是愛我的錢？』妳會怎麼回答？」

「當然是都愛啊。」只要不是個笨蛋，應該都會這樣回答。

「那如果 Sugar Daddy 說，只能選一個答案的話呢？」

當答案只能二選一時，小姐們開始左右為難。有人說「愛錢」，有人說「愛人」，但不管哪一種答案，大家都講得很心虛。

「你們這些憨雞掰就是欠幹！」媽媽桑撇撇嘴，嘆了口氣說：「我再問妳們啦，如果這個雞巴醜吱吱、哺檳榔、嚴重狐臭、人擱蓋粗魯，一個月給妳個幾萬塊（剛剛各小姐們說的數字）或甚至更多，妳要不要？」

小姐們對這個答案可就有共識了，異口同聲地說：「當然不要啊！」

「這就對了啊，如果我完全不愛你這個人，連你的錢我都不屑！」

不愧是在紅塵打滾多年，媽媽桑給出了最精確的回答。

初嚐隨心所欲的滋味

我二十五歲入行，二十六歲就遇到想包養我的客人。這個客人叫做 Jack，他是一個在澳洲擁有九間工廠的大老闆。我們相識時，他大概六十歲左右，因為他蓄了點鬍子，看上去有點像是「肯德基爺爺」，所以有時我也會叫他肯德基爺爺。

Jack 常來店裡捧我的場，出手非常大方，我感覺得到，這個客人對我特別有好感。

有一次，他帶我去吃飯，突然開口問：「妳願不願意當我女朋友？」我心裡其實也很喜歡這個可愛的客人，就點頭答應了。對我而言，Jack 的請求跟普通男女之間的「告白」並無二致，差別只是對方除了說喜歡我以外，還承諾給予金援。

我們確認關係並開始交往後，Jack 每個月都會固定匯給我三千元澳幣，按照當年的匯率，約折合台幣七萬元。因為做生意的關係，Jack 每兩個月就會來台灣一次，每次他來，還會再加碼給我三千元澳幣現金當零用錢，等於我那個月就可以領到雙倍的費用。對於一個二十六歲的年輕女孩來說，這真是一筆非常可觀的收入。

跟 Jack 交往，讓我第一次體會到什麼叫做「被砸大錢疼愛」的感覺。因為我爸好賭，身為家中大姐的我還是小孩時就被迫提早長大，童年時要靠嘴甜向鄰居「騙吃騙喝」，少女時代就得出外打工賺錢。在我這二十幾年來的人生中，多半都處於財務緊張的狀態，吃穿用度都只能挑便宜貨。

但是，跟 Jack 交往以後，在他的金援下，我可以隨心所欲地買我想要買的東西、去任何一間我喜歡的餐廳吃飯，我必須承認，這種隨心所欲的感覺真的太棒了！

女人可別「自廢武功」

我覺得自己更幸運的是，並沒有因為被包養而「自廢武功」。做這一行久了以後，我看過很多被包養的女生，最後就淪為花瓶，主要的工作就是陪伴「金主」，填補對方的欲望與空檔。尤其如果金主是台灣人，大家都住在同一片土地上，基本上，女方就必須完全配合男方的需求過日子。

說來也很耐人尋味，男人金屋藏嬌的初衷多半是貪戀那個女人的「嬌」，但是包養對方以後，很多男人最後卻試圖把這個女人變成另一個黃臉婆，對包養對象說：「妳都有了我，還花枝招展想勾引誰？」所以會要求女方，除了需要交際應酬的場合，其他時間不必太妖嬌美麗，也不要有太多社交，在家裡安分度日就好。

時間久了，很多被包養的女人慢慢習慣這種被豢養的狀態，對於人生或未來也沒有太多想法，反正過一天算一天。

這種狀態其實有一點危險，說得直白一點，就是溫水煮青蛙。

酒店小姐做小三，扶正的可能性是極低的，特別是對方如果家大業大、動見觀瞻，地下情人更是不用癡心妄想可以扶正。但是，女人的青春保鮮期並不長，而對很多男人來說，外遇這種事只有零次跟無數次，今天還在跟妳山盟海誓的男人，也許明天就迷上另一個更年輕貌美、新鮮有趣的對象。當對方厭倦時，已經習慣被豢養「自廢武功」的女人要再重新出發，就會比較費力，難以走出舒適圈。

其實，這個狀況不僅適用於小三，就連原配也是如此，只是小三不在法律的保護傘下，完全沒有任何保障可言，風險更高。

捧在手心上的真心對待

而我比較幸運，Jack 除了對我極盡寵溺之能事以外，還是一個會鼓勵我上進的男人。

Jack 每次來台灣洽公都只待一週左右，需要我陪伴的時間其實不長。

因為有他提供經濟後盾，我晚上雖然還是會去酒店上班，但無須每天都去，於是手上有大把大把的閒餘時間可安排。

或許因為我們之間年齡差距較大（他兒子甚至比我的年紀還大），因此，雖然我是他的女朋友，但他對我多少帶有一種父親看女兒的心情，希望我可以利用時間好好充實自己，多學習一點技能，總是不斷鼓勵我：「妳必須讓妳的生活精彩一點！」

於是，我就去報了英文、日文的課，還去學純銀設計、美甲、瑜伽、心靈成長等各式各樣的課程，每個月的學費都破萬。我入行時的英、日文程度大概只能湊合著用，但我現在的英、日文口語可以說是相當流利，這都要拜那段時間發憤圖強上課所賜。

每次我跟 Jack 說起我又上了什麼課，他總會充滿愛憐地誇獎我：「That's good!」我很渴望能得到他的稱讚，他越稱讚我，我就越認真想學更多東西。他讓我覺得，我可以變成一個更好的人。

回想那段時間，我的戶頭有錢、上班輕鬆，又有寬裕的時間學習各種新事物，無論是心靈或物質方面，都呈現充實滿足的狀態。我過去的人生，從來沒有如此歲月靜好的時候。

我還記得有一次陪 Jack 逛街，要幫他挑一條 Tiffany 的項鍊給助理當生日禮物。選好以後，他問我：「寶貝，妳要不要也挑一條給自己？」

我搖搖頭說不用。他一怔，不斷追問我：「寶貝，妳怎麼了？發生什麼事了嗎？」

有一陣子我很迷 Tiffany，每一次跟他出去，都會讓他買一件首飾給我。我突然反常、這麼「無欲無求」，反而嚇到他了。但我單純就是當下覺得心滿意足，不想要任何禮物，如此而已。

但 Jack 還是很擔心，覺得我這樣太不對勁了，拉著我去 Louis Vuitton、Gucci 的門市，拿起架上陳列的各款包包，不斷慫恿我：「這個很可愛，想要嗎？」「這個很適合妳，要不要買一個？」我全都笑著婉拒，因為此時此刻的我，內心滿是幸福感，今天就真的不想花錢呀。

Jack 看我什麼都不想買，擔憂之情，溢於言表。他牽著我的手到一樓室外抽菸，還親自幫我點菸，我不禁莞爾，這不是酒店小姐應該幫客人服務的嗎？怎麼反而是客人來幫我點菸？

「寶貝，妳一定是遇到了什麼麻煩，卻不能跟我說。」他嚴肅看著我，並從皮夾裡取了四千元澳幣，塞進我的皮夾，言辭懇切地說：「我現在手頭只有這些現金，我不知道這些錢夠不夠解決妳的問題，但答應我，有事情一定要告訴我。」

「我很好，真的沒事。」我心裡忍不住好笑，跟他說了實話，但他偏偏不信。但既然他自願要多給我零用錢，我也就欣然接受囉。

臨別之際，Jack 還憂心忡忡、不斷耳提面命：「妳如果真的有事，一定要告訴我哦。」哎，我這個肯德基爺爺怎麼這麼可愛呀！

他就好像電影《窈窕淑女》中，想要讓賣花女脫胎換骨的希金斯教授，也像是《麻雀變鳳凰》裡文質彬彬、手頭闊綽的愛德華。可以跟他談這場戀愛，真的好幸福唷！

當愛已成往事

可是，現實生活永遠不可能像電影一樣，有個完滿浪漫的 Happy ending。

我跟 Jack 交往一年半以後，還是分手了。而且，分手還是我提的。

我無法代表所有酒店小姐發言，但是，我如果願意跟客人發展成長期的包養關係，真的都是基於一種「交男朋友」、「談戀愛」的心情。

我當初愛上 Jack，憑的是感覺；決定要分手，也是因為感覺。感覺不對了，這段關係於我而言，就變得難以為繼。

我身邊的朋友全都覺得我這個決定很不智，這個男人可是真心真意地喜歡妳耶！妳竟然要跟這樣不可多得的好男人分手？

我跟 Jack 在西華飯店做分手談判時，朋友還特地趕過來，想幫忙打圓場試圖挽回，可見得 Jack 對我好到什麼程度。

Jack 告訴我，他這輩子從沒愛過任何一個女人，像愛我一樣。

其實到後期，他已經不需要出差來台灣工作，純粹是為了見我，才一直大老遠飛來台灣。為了方便發「薪水」給我，他還特地在台灣登記一間公司。甚至為了要和我站在一起看起來更登對些，還跑去整型，想讓自己看起來年輕一點。

我知道他是真心的，所以才願意做到這個地步。

可是我卻覺得，他已經不是當初我愛的那個 Jack了。

我跟 Jack 提分手，可說是徹底粉碎了這個男人的心。看他這麼難過，我也覺得很不忍心，但是對我來說，愛熄滅了，也就沒有辦法再繼續走下去了。

謝謝那一段最美的時光

回到最前面媽媽桑問的那句話：「妳是愛我的人，還是愛我的錢？」回想我跟 Jack 交往時，他還真的有問過我類似的問題。

媽媽桑當年提供的解答是：「若我完全不愛你這個人，連你的錢我都不屑！」對於 Jack 這樣好的男人，我永遠不會有「不屑」的情緒；但當我不愛的時候，也不會為了對方的錢，勉強自己留在一段關係中。

在分手之後，我曾經打過電話給他，想知道他的近況。但也許是被傷得太深，他沒有接我的電話。

因為跟 Jack 分手，我被我媽整整碎念了五年，她覺得我錯過一個難能可貴的有情郎。若你問我，是否曾經後悔過？我會很誠實回答：「是的，我曾後悔過。」特別是在某些人生低潮的時刻，就會覺得自己年輕時終究是太不懂事了，但是，我也沒有因此抱持什麼破鏡重圓的期望就是了。

我們相識時，Jack 已經六十多歲，如今，他說不定已經不在人世了。現在我偶爾還是會想到他，想到那段年輕時的往事——一段可以稱之為戀情的關係。

如果能夠把心意傳給他，我想要對他說：謝謝你帶給我一段優渥、豐富的時光。謝謝你真心愛過我。而我，也確實真真切切愛過你。

地下情人的職業道德

一旦認清自己是「地下情人」，就只能活在影子裡，不能攤在陽光下。

在一般社會觀念中，「小三」大概就是破壞人家家庭、十惡不赦的存在吧？

但是，在我第一個媽媽桑的觀念中並非如此，一個有「職業道德」的小三（指被客人包養的小姐），應該是懂得「分寸」、知所進退的。

她認為，那種會出於嫉妒，把事情張揚開來刺激原配，鬧到客人家裡雞犬不寧，甚至進一步想去逼宮原配、取而代之的女人，都是不夠有「職業道德」和「專業」的小三。

專業小三的「職業道德」

一個「稱職」的小三必須充分體認到：自己只是個「地下情人」。既是「地下」，就只能活在影子裡，不能攤在陽光下。

必須要知道情人什麼時候才方便接電話、什麼時候才可以傳訊息，也必須要做好心理準備，在一些重要節日，他都不會在妳身邊，得回家陪伴他的家人，於是在一些人人都在「團圓」的日子裡，妳勢必會過得特別寂寞。就算你們正在濃情蜜意地約會，只要他家裡來一通電話，他可能就得撇下妳立刻走人。

更重要的是，妳必須有一種「覺悟」：妳可能跟情人耗費了五、六年青春，最後還是竹籃打水一場空。

如果以上這些處境或委屈妳都能接受，再來考慮是否要成為客人的地下情人。

酒店小姐做小三，跟在職場或其他情境中介入婚姻的第三者，兩者是不太一樣的。

對我們來說，客人是自己走進來店裡消費、自己決定要包養某個中意的小姐，而一個夠「專業」的小三，不但不應擾亂客人的生活，反而應該幫著客人「安搭」他的一家老小。

之前被澳洲富商 Jack 包養時，我就會幫忙挑選要送給他太太的禮物；之後跟一個日本社長交往時，我也會幫他買好要給太太的保養品、要給小孩的玩具或零食，打包裝箱幫他寄回日本。

為什麼可以相安無事？

其實，許多正宮都知道丈夫在外頭包養酒店小姐，但卻都相安無事。為什麼？

理由很現實：因為離婚的成本對雙方來說都太高了。

普通人或只是有點小錢的中產階級養小三，一旦「東窗事發」，經常會演變成兩個女人的戰爭。有時候，雙方想爭奪的重點不只是情感資源或性資源，更是經濟資源，當資源不夠雄厚的時候，給了A，就等於是損了B，不管是原配或是小三，都會想要爭奪獨占的角色。

但是，對於一些「坎站」[9]高到一個境界，財力等級在金字塔頂端的男人來說，只要家裡生活費、小孩教育費都給好給滿，甚至夠多財產都掛在原配名下，很多原配都會選擇睜一隻眼閉一隻眼，彼此都心知肚明。真要鬧到離婚這一步，對雙方來說都會造成鉅額損失。

對這種「坎站」的男人來說，不大可能為了美人不要大好江山，離婚會損失大筆財產，弄不好還要對簿公堂，搞得身敗名裂，怎麼想都不合算；而對正宮來說，她手上有孩子、有名分，利益是長遠的、檯面上也仍是風光的正牌夫人，反正男人玩夠了，終究還是會回家，又何必為了爭一時意氣，付出巨大成本？

還有一點，就是我之前提過的，很多有「坎站」的男人都會讓他們的女人「自廢武功」——這裡指的可不只是小三，也包括正宮，沒了「武功」，也就沒了一刀兩斷的膽氣。

之前王力宏跟李靚蕾的婚變鬧得沸沸揚揚，李靚蕾能夠凌厲反殺，其中一個很重要的原因是：她本身是高學歷、能力又出眾的女性，就連外表也還維持得相當美麗，所以她有辦法跟丈夫對抗（但別忘了，就算是她，也隱忍過相當長的時間）。

但是，就我觀察到的情況，很多正宮都已經習慣被圈養在家，有些甚至已經完全跟社會脫節，對於年華老去又生存技能退化的她們來說，籌碼已經不夠了，權衡利弊，跟丈夫決裂也許不是最明智的做法，所以對於小三，乾脆選擇睜一隻眼閉一隻眼。

而且，有些男人又豈止是包養一個小三而已，口袋夠深的話，養小四、小五、小六……小N都有可能（有些男人甚至讓小老婆們來幫忙管理偌大的事業帝國），哪裡消滅得完？誰想要天天上演「後宮甄嬛傳」、弄得日子不得安寧？

9　台語「坎站」（khám-tsām），指程度、地步。

齊人之福或齊人之禍？

對被那種身家的男人包養的酒店小姐來說，她也很清楚一個事實：名門或豪門子弟是不太可能扶正一個酒店小姐為妻的；就算男人願意，他們的家族也不可能接受，所以自然不會笨到橫衝直撞去跟原配爭名分。

我聽過一個很有手腕的酒店小姐，甚至高明到跟原配「姐姐」惺惺相惜，兩人最後變成姐妹淘，可以相約一起去按摩、做頭髮。

我認識一個極有錢的老闆，他甚至把看中的女子都納入他的「大家庭」中，大享齊人之福，還特地蓋一棟樓，一人分配一層，妻妾們以姐妹相稱、和平相處，感情好的還會彼此幫忙帶小孩。

那個老闆一輩子的願望就是生養眾多，因此，只要妻妾懷孕，就立刻發給兩百萬「獎金」，生出來就再「賞」一間房產給對方。

不過，上述這兩種情況都比較罕見，尤其是後者，簡直誇張到獵奇的地步了。大多數的地下情人都只是被養在外頭；而大多數的正宮與小三，最多也只能做到井水不犯河水，要做到情同姐妹，還是太違背人性了些。

正因為正宮跟小三這種對立屬性，我入行的第一個媽媽桑才會一再強調，一個稱職的小三是有「專業」和「職業道德」的。一言以蔽之，既然要被包養，就要認清身分、拿捏好分寸，別把客人的齊人之福變成齊人之禍呀。

當新娘子的夢想

我是愛你的，但我沒辦法一輩子過這樣的日子。

我在前一篇文章說到，很多被包養的酒店小姐或甚至正宮，最後就在溫水煮青蛙的情況下「自廢武功」了。或許有人會覺得，姐姐我應該是那種寧可吃盡苦頭，也一定要自食其力的獨立女性吧？

其實不是這樣的，在我內心深處，也曾嚮往自己一生可以當個不用努力奮鬥的「廢人」。

我並不是那種胸懷大志的女性，我國中的願望就是「當新娘子」，長大以後嫁個好人家、在家相夫教子，找個有能耐可以養我、保護我、疼愛我的男人，讓我不用去管這世間的紛紛擾擾、風風雨雨，單純過著歲月靜好的小日子就好。

可是，如果要過這樣的小日子，勢必就要放棄相當的自我跟自由，而我又偏不是那種可以「以夫為天」，或是完全以男人為重的女人。於是，即使曾經有這樣的機會擺在眼前，我還是選擇了逃離。

不是包養，而是求婚！

在肯德基爺爺 Jack 之後，我在店裡又遇到一個情投意合的英籍美國人 Wendel，因為他的名字讀起來很像 Window，我常戲稱他為「窗戶先生」。

窗戶先生是個黑人，也是一家手機軟體公司的老闆。他離過一次婚，沒有孩子，是個非常紳士的好男人。我們在台灣交往一年半以後，他就回美國去了，但還是對我念念不忘，希望我可以過去美國待兩週。

經歷過法國男友那個教訓，再加上媽媽桑的當頭棒喝，這回我徹底學乖了，我可不會傻傻地倒貼過去跟人家雙宿雙飛。我坦白告訴窗戶先生，去美國的機票這麼貴，而且還要損失我上班兩週的收入，恐怕沒辦法。他聽了以後，很乾脆地買了機票，又匯了六萬到我的戶頭，還答應去美國那兩週，每天給我八十美元的零用錢，以彌補我的損失。

好吧，既然窗戶先生都這麼有誠意了，我不妨就去美國玩兩週。

出乎我意料的是，他找我去美國，並不只是找我去玩而已，而是希望跟我發展成更長期的關係，長期到超越「包養」，直接進化到「婚姻」。

某一天晚餐後，他拿著鑽戒，突然單膝下跪跟我求婚。我整個傻住了！結婚？不會吧？雖然我國中時的確夢想過當新娘子，但當這個「夢想」真的臨到眼前時，我卻遲疑了。

幸福的代價

我不是不愛窗戶先生，相反地，我真的非常喜歡他；但是一想到要嫁到美國，我就退縮了。

停留在美國那兩週，我每天的日子就像一隻寵物一樣，只能關在家裡，癡癡等待主人回家。窗戶先生白天得去公司上班，他家裡只有一輛車，在沒有車的情況下，我哪裡也去不了，就連離家最近的超市，走路來回就得花上一個鐘頭。

整天待在家裡，就只能看電視，但美國的電視節目我也看不太懂。因為太無聊了，我只好像個家庭主婦一樣開始打掃環境、準備晚餐，眼巴巴地等他下班回來，才有個說話的對象。

週末時，窗戶先生會帶我去走走玩玩、看籃球賽之類的。但是週間下班後已經很累了，為了讓我開心，他還是強打精神，帶我出去散散步，聽我絮絮叨叨講起今天的心情。我看得出他很努力想要取悅我，但現實的處境就是雙方都很辛苦，他很勞心，我則是無聊到快發瘋。

所以，當他拿著鑽戒，深情地問我：「妳願意嫁給我嗎？」我卻完全高興不起來，淚眼婆娑地直搖頭，說我不行。

他非常錯愕：「我以為妳是愛我的，願意跟我住在美國，一起生個孩子、建立家庭。」「我是愛你，但我沒辦法過這樣的日子。」我告訴他，我覺得自己就像隻等門的小狗，只能整天困在家裡，等待主人垂憐。

他一怔，說：「如果妳想要，當然可以出去工作呀！只是，妳英文又不夠好，能找什麼工作呢？難道要去中國餐廳端盤子嗎？還是去星巴克賺一小時八美元的時薪？」

他這句話一出口，我的眼淚立刻收住，取而代之的是一種莫名的憤怒：「你就這麼看不起我嗎？」

他慌了，連忙解釋：「不不不，我只是希望妳留在我身邊。妳當然可以做任何妳想做的事啊。」

雖然他做出解釋，但是他之前那句話真的踩到我的地雷，讓我瞬間清醒。我努力維持平靜，告訴他：「讓我考慮一下。」但我心裡清楚知道，答案是否定的。

愛情與自由

相夫教子、被男人保護、過歲月靜好小日子，這些確實曾是我的夢想，但這個夢想如果必須以失去自我和自由為代價，那麼這個代價對我來說太沉重，我支付不了。

我當時才二十七、二十八歲，一想到往後數十年的人生都要這樣子活，我就頭皮發麻。這樣的日子，我真的會快樂嗎？

而且，我三十歲以前的生命，經常是為家人而活的，我不能不想到我媽。如果我要嫁來美國，勢必也要把我媽也一起接來照顧，但，人家願意接受嗎？就算對方願意，我媽適應得了國外的生活嗎？

這些答案好像都是否定的……。

一場浪漫的求婚，最後以難堪的爭吵收場，不歡而散。

我們後來仍是朋友，只是彼此都明白，已經無法回到從前。

窗戶先生後來在美國認識新女友，兩人最後結婚了，一圓他建立家庭的夢想。而我，則繼續在風月場中高懸豔幟，與人客觥籌交錯。

放棄一份唾手可得的「幸福」，是不是很傻呢？

但對我而言，這份幸福的代價，還真是生命中不可承受之重啊。

細節、細節，還是細節

日本人可說是地球上最龜毛的民族，
在日式酒店工作，處處是細節。

條通日式酒店的發展是有時代背景的。

現在在台灣學第二外語的途徑很多元，但在七〇到九〇年代之間，要學第二語言並沒有這麼容易，很多來台工作的日本人都聚集在台北市中山區，他們只會講日文。因此，在林森北路這一帶，就形成了日式酒店的聚落，專門接待日本客人，其次則是其他國家的客人，很少台灣客，早期許多日式酒店，甚至是完全不接待台灣客人的。

二〇一〇年以前，很多日式酒店的從業人員是原住民小姐，這些原住民小姐不但通日語、酒量好，輪廓又鮮明美麗，特別受歡迎。有些原住民小姐多的店家，還會讓小姐穿上傳統族服，不定期在店裡舉辦類似豐年祭之類的主題活動，因為融合了異域風情跟部落民俗，既新鮮又有趣，廣受客人喜愛。

以前許多日式酒店都是夫妻檔一起經營的，客人都稱店主人為爸爸桑和媽媽桑，來光顧就好像回家一樣。不過到了晚期，這種夫妻檔經營的模式就改變了，所謂的「爸爸桑」就只是出錢的純金主而已，經營工作都是媽媽桑在負責。

媲美日本藝妓的職業訓練

早年的日式酒店是「類藝妓」的訓練，目的是為了迎合日本客人的喜好，很多店家都會補助旗下小姐學習各種才藝，例如學習花道、茶道培養優雅氣質，練習瑜伽讓儀態美好，學習高爾夫球以陪伴客戶打球，許多媽媽桑還會要求小姐要讀日本新聞，好跟客人建立話題。

我工作的第一家酒店，其實不能算是很純正的日式酒店，直到換到第二家，那才是正統的日式酒店。我算是有趕上正統日式酒店最後一班車的「末代小姐」，在第二家酒店時，真的去學了插花、茶道等才藝。那時候日本客人經常會把飛機上提供的日文報紙帶到店裡，媽媽桑還會要求大家輪流朗讀。

我的日語口說雖然流利，閱讀可就不怎麼樣了，但當時我是店裡最年輕的小姐，而且嘴巴甜又很會撒嬌，加上那個時候條通小姐的流動率有點高，要找一個諳日語又年輕貌美的穩定員工，實屬不易。因此，儘管我讀報功夫不大行，媽媽桑還是勉勉強強讓我蒙混過關。

服務龜毛民族，全是細節

我們的主要服務對象日本人，可以說是地球上最龜毛的民族，因此在日式酒店工作，只能說處處都是細節。

早期有些日式酒店會把整個地板墊高，但到了吧台區，則又會降板下來。為什麼呢？這是因為大多數酒店小姐在服務的時候都是坐著，不會讓客人感覺身高壓迫，只有在吧台服務時必須站著，而為了不要讓坐吧台的客人覺得小姐在「俯視」他，地板高度才會刻意下嵌若干高度。

因為媽媽桑的身高才一五八公分，當初吧台跟地板的高度是比照她的身高訂做的，但我的個子比她高一截，於是我進吧台裡不但得脫下高跟鞋，還要跨開來呈大字形站，才可以避免跟客人聊天時視線朝下。我現在膝蓋不太好，不知道是不是當年在吧台大字站立落下的毛病？

就連小姐的化妝也有學問。因為店裡的燈光柔黃，小姐們必須化濃妝才有效果，素顏「駄目」（讀音 Da-me，「不可以」之意）！但是也絕對不能化得很突兀，還是要謹守「優雅」的標準，奇奇怪怪的哥特風、煙燻妝都萬萬不可。我們那個媽媽桑很嚴格，還要求小姐笑的時候不能露出牙齦、坐椅子不可以蹺二郎腿、腰背永遠要打直等，非常講究美姿美儀。

我們店當時規定小姐要穿旗袍，媽媽桑會貼補一些訂製費用，款式則可以根據個人的外表優勢做變化。像我覺得自己的腿型不夠纖細，但身材算是「人間胸器」，於是就揚長避短，仿照某一年鞏俐參加坎城影展穿的那套低胸旗袍，請師傅為我量身訂做一套「戰鬥服」。

有一陣子，很流行前空後空的高跟拖鞋，看起來也挺性感美麗的，但是媽媽桑覺得這種鞋子太隨便了，禁止我們在店裡面穿，就連後面有一條繫帶的後空高跟鞋都不行。我們在店裡穿的鞋子，鞋後跟一定要有包覆，後面不包的一律算是拖鞋，既是拖鞋，就不准穿到客人面前。

數不清的服務眉角

日式酒店裡，從擦杯子到掃廁所，全都有SOP（標準作業流程）。舉例來說，因為日本人偏好使用捲筒式衛生紙，所以日式酒店廁所也全都比照辦理，而且不能拖拉出來看起來很邋遢，要收攏好並把尖端內折成一個小三角形，讓客人使用時覺得貼心。小姐自己如廁後，要仔細檢查過，絕對不可留下任何垃圾、水漬等，而且還要記得把最後一張衛生紙的邊緣重新折成三角形才能離開。

迎接客人進店後，還有數不清的服務「眉角」要講究。為了讓日本客人有賓至如歸的感覺，每當客人一進門，小姐要先親切熱情地喊：「歡迎回家！」接過客人公事包以後，要跪在地上幫客人換拖鞋，等換好鞋，再幫客人把皮鞋放進鞋櫃、把外套掛起來、公事包收好。整個過程就好像是打扮十分美豔的「女僕」等待主人歸來。

帶客人入座以後，接下來就奉上「おしぼり」（讀音類似「Oshiboli」），也就是工整捲成一捲的雪白濕毛巾：夏天給冰的毛巾，冬天則給熱的毛巾。

客人如果起身去如廁，等他回來後，還要再奉上一條新的毛巾給他擦手。這些小毛巾用完以後，客人會隨意扔在桌上，我們當然不能放著不管，而是要接手過來，折成像軍中棉被那樣方方正正的「豆腐乾」模樣放在一側，才不會看上去滿桌亂七八糟。等客人離開後，再把毛巾拿去廚房的籃子裡，隔天全都放進洗衣機清乾淨。

溫毛巾機跟洗衣機可是日式酒店的後台「標配」，這兩種機器都是おしぼり專用的。這些小毛巾們可都是被隆重對待的，絕對不能用來擦手臉以外的部位，更不能用來擦桌子，潔淨到近乎神聖呢。

上酒學問大

在詢問客人名字前，小姐要先自我介紹。日式酒店都是「公檯制」，由媽媽桑統一調度小姐，輪流在不同桌服務客人。可是小姐輪來輪去，客人怎麼能記得全？所以，一定要想一個讓客人印象深刻的自我介紹法。

像我自己，就會刻意模仿一個很老派的日本諧星動作，一隻手在頭頂，一隻手在下巴處，一歪頭，用可愛俏皮的語調自我介紹：「我叫席耶~娜！」這個梗台灣人不明白，但所有日本人都會當場會心一笑——一個年輕的小姑娘卻做出這麼老派的諧星動作，多有「反差萌」啊！於是就會記住我的名字。

又比如說，有一個小姐叫做 Yumi，她是這樣自我介紹的：「我叫 Yumi，You and me 的 Yumi！」一邊甜甜巧笑，一邊撒嬌地指指客人、又指指自己，這麼甜蜜又好記的諧音，客人怎麼能忘記呢？這些都是牢牢抓住客人心的小心機。

詢問客人名字還不夠，第一輪訪檯的小姐，還有義務把客人們的名字全都一一記在小卡片或點歌單上，再夾在桌子上，方便下一輪來服務的小姐們招呼客人，否則每一次小姐轉檯，就要讓客人再自我介紹一次，豈不是太失禮了？

日式酒店的 Menu 很單純，一張Ａ４紙都寫不滿，像我們店裡就只供應一款啤酒、一款香檳、一款燒酒，以及六到八款威士忌，此外無他。易開罐的啤酒一瓶標價五百元，大部分都是用來招待客人的，客人來這邊喝酒，主要還是喝威士忌。

老客人通常都會寄酒在店裡，沒有來過的客人則另外點酒。

把客人寄放的威士忌拿出來以後，會詢問客人想怎麼喝。一般分為四種：一種是純飲；第二種是加冰塊；第三種則是「水割り（みずわり）」（讀音 Mizuwari），意思是除了加冰，還要兌入一定比例的水；第四種喝法則是加蘇打水。

到我們店消費的日本客人多數都是選第三種「水割り」飲法。首先，在杯中放滿冰塊；將杯子的高度分成十等分，把酒倒進杯中，份量約是底部算上來的二分處，然後再注入水到杯子的五分處。接著放入攪拌棒，緩緩旋轉兩圈到三圈後，把攪拌棒垂直拉上來——記住，一定要「輕、柔、慢」地把攪拌棒「垂直」拉上來，這樣動作才會顯得優雅從容，而且可以避免酒水噴到桌上甚至噴到客人身上，粗手粗腳把冰塊攪得叮噹響是絕對不行的。

為什麼日本客人普遍偏好加冰、加水，難道他們愛喝調得這麼淡的酒？主要有兩個原因。一來，日式酒店是晚上八點開始營業，在來店裡消費以前，客人多半已經去居酒屋之類的地方吃過晚餐，用餐時可能就已經喝了一些酒，不想喝太多；二來，日式酒店的酒錢其實滿貴的，大概是時價十倍左右，外面一瓶賣五百元的威士忌，到了日式酒店搖身變為五千元，什麼麥卡倫、皇家禮炮那種等級的更是一萬起跳。若是純飲，很快就消耗完一瓶，得再花錢開一瓶新的，因此客人多半都會選擇加冰、兌水的「水割り」喝法。

如果客人點的酒不一樣，製作、上酒時機也必須列入考量。要所有同桌者的酒都做好了再一起上，不能有些人有、有些人卻要枯等。因此，接到酒單後，要先思考製作的順序，如果有客人要喝啤酒，啤酒要留到最後才倒出來，若是太早倒出來，等到大家的酒都做好後，啤酒泡沫都消光了，客人感覺多差呀，這些都是要注意的小地方。

台日乾杯大不同

早年，很多日式酒店會購買有品牌的威士忌杯，每當上酒給客人時，會將有品牌 LOGO 花紋的那一邊朝客人方向。不過，後來大家就沒這麼講究了，店家用的也都是沒有紋樣的普通玻璃杯，也就無所謂遵循「花紋要朝客人」的規矩。

我們小姐用的杯子不是威士忌杯，而是一口左右的小 Shot 杯。等到酒都做好以後，我們就要輪流跟客人「かんぱい」（讀音 Kan-pai，乾杯之意）。

這邊有一個重點：跟客人碰杯時，小姐杯子的位置，一定要比客人的杯子低，這樣才符合禮數。所以，我們會把杯子伸向客人，然後用手指輕輕頂向客人的杯底，依次跟每一個客人敲一下。

說到這裡，忍不住想起一件我後來自己出來開店後的碰杯趣事。

日本人最講究禮數，有些客人會因為我是媽媽桑，就想把杯子放得比我的低，以表敬意；而我則因為客人是付費的人，也會刻意把杯子放低，於是我們就一直彎腰，想敲彼此杯子低的位置。有時這樣一來一往，最後兩個人的杯子竟在比桌面低的地方才敲到杯。那個畫面回想起來，還真是滿好笑的。

還有一點值得一提，台灣跟日本的飲酒文化其實很不一樣。日本人的「乾杯」比較近似於台灣的「隨意」，只是一起舉杯，並不是喝乾的意思，真正要一口氣喝乾的說法是「一気（に）」（いっきに，讀音近似於iki），所以只有在現場吆喝「一気！一気！」的時候，才代表著起鬨要人喝乾。

我有不少日本客人剛到台灣時，都曾受過台灣人一口飲盡的「乾杯」文化衝擊，生意應酬時經常會被灌醉。他們總會說：「胎（台）灣人，喝酒すごいね（讀音 sgoi，很厲害之意）！」

讓客人開心，是我們的專業

回到正題。開喝以後，酒店小姐還有一個工作就是：幫客人把「冒汗」的杯子擦乾淨。我們上班都會準備兩條手帕，一條手帕用來幫客人擦有水珠凝結的杯子，另一條則是用來在穿短裙時蓋住大腿縫，畢竟我們做所有桌邊服務，經常得要蹲在客人身邊做，準備手帕蓋住，才不會走光不雅。

我們幫客人擦杯子的用意，是避免客人摸到濕濕的杯子感覺不佳，同時也避免客人手滑打翻。而擦杯子的動作也不是把杯子拿來亂抹一通就可以，而是得控制好高度，一隻手托住杯子，用轉動的方式，輕輕把杯底跟杯子周圍擦一圈。至於杯子上方兩分的杯緣處（也就是客人嘴巴會沾到的地方），是絕對不能碰到的，免得讓有潔癖性格的客人觀感不佳。

除了這些跟酒水相關的細節管理，其他諸如：有籽的水果（像是西瓜）要幫客人去籽、葡萄要插在牙籤上，在頂端畫十字沿刀痕剝開，像一朵花一樣呈給客人，這都只是基本功。我們除了要一邊含情脈脈跟客人談心，一邊還得隨時用眼角餘光掃描桌面，務必要讓所有環節都保持井井有條。比如說，客人用過的毛巾要折好；客人杯子空了，就要立刻重製補滿；菸灰缸裡只要有兩根以上的菸頭，就要立刻換上一個新的菸灰缸等等。

你知道嗎？就連換菸灰缸也有SOP唷！要把乾淨的菸灰缸先蓋在用過的菸灰缸上面，再把兩個菸灰缸輕柔移動到靠近自己的位置或是托盤上，之後再把蓋在上面那個新的菸灰缸遞到客人前面，這樣可以防止更換時菸灰亂飛。

如果因為跟客人聊得太 High 而疏於照顧這些細節，之後就會被媽媽桑叫到小廚房唸一頓。我剛在日式酒店上班時，經常因為疏忽被唸，但做了一陣子以後，這些動作就自動「內化」成一種習慣了。

談了這麼多，都還沒進入日式酒店的重頭戲：賣「曖昧」呢！就知道要服務這群地表上最龜毛的客人，有多麼不容易，處處眉角、滿滿細節呀。

那我們又是怎麼「賣曖昧」給客人的呢？

別急，姐姐接下來就說給你聽。

媽媽桑悄悄話：我們的「暗號」

曾有媒體訪問我時，提了個有趣的問題：「各行各業都有『暗號』，你們的『暗號』是什麼？」說真的，我們其實沒有發展出什麼特殊的「暗號」，真要說的話，我們的暗號就是「台語」，若不想客人聽懂我們在說什麼，就用台語溝通。日本客人就算懂中文，也很少能夠精通台語。

我們賣的是「曖昧」

膝蓋碰一個，背靠另一個，嘴巴撩一個，眼睛再瞟另一個，這就是姐的手腕。

當年，媽媽桑對小姐們耳提面命：身體是自己的最後一道防線，不能隨便跟客人上床；日本人的圈子很小，要是風言風語傳出去，反而會給自己添麻煩。

其實，別說是跟客人睡了，就連在店裡服務，客人跟小姐的互動也不能過於逾矩。

日式酒店的配置大致是這樣的，每一區都配有沙發和一張小茶几，小茶几前則會放置一些小椅子，客人當然是舒舒服服坐沙發，小椅子是給小姐坐的。

客人坐定，小姐們把毛巾、酒水等桌面服務都做好以後，才可以詢問客人能不能坐在他身邊。取得客人的首肯後，才可以坐到他身旁。

應付鹹豬手的「撇步」

至於怎麼坐，也很有學問噢。

小姐坐在客人身邊，臀部只能坐在沙發前三分之一，膝蓋要併攏，往客人的方向傾斜過去，這樣做不只是看起來很有女人味而已；更重要的是，這個姿勢看起來就是一副很認真傾聽客人講話的模樣。

而且，這個坐姿還有一個好處：可以在自己的身體跟客人之間，留出一個三角形的緩衝空間。萬一客人毛手毛腳，小姐就可以用手臂有技巧地「擋」一下，通常客人都很識趣，知道不可以太過分；如果客人裝傻，一直想伸鹹豬手，這時小姐就會離開向媽媽桑反映，由媽媽桑出來打圓場。實在鬧得太厲害，店家才會搬出「報警」來嚇阻客人。

絕大多數日本客人都不會想把事情鬧到警察局。他們被日本母公司派到台灣，語言不通，又不懂這邊的法律，為了要吃一個酒店小姐豆腐，萬一賠上自己的前程，那多划不來啊。

如果是台灣客人，反而比較難處理。有些客人的心態就是「花錢的是大爺」，所以會大罵：「幹！恁爸開錢，是安怎不行摸？」就算搬出警察局，也未必管用，客人搞不好還會「嗆聲」說：「叫警察？有種叫啊！我（跟）中山分局比妳卡熟啦！」

我這麼說，可不是說日本人比台灣人有教養。能被派出國門出差的日本商務客，基本上都已經經過一輪素質篩選，鬧事的機率本來就比較低，加上對當地法律不熟，一定會比較謹慎。

這就好像如果台灣人出差去日本，到日本當地的風俗業光顧，一樣也會比較收斂、守規矩，而當地的日本客人也有一堆不講理的怪人，這能說是台灣客人比日本客人有教養嗎？不是的！純粹就只是人性使然而已。

戀愛的感覺

或許有人會問：難道日式酒店的小姐與客人，都必須一直「保持社交距離」嗎？

當然不是！如果一直保持「社交距離」，要怎麼創造曖昧啦？日式酒店的小姐們不是不能跟客人有肢體接觸，但有兩點要注意：第一，這些肢體接觸是有「尺度」的；第二，只能是小姐主動親近，不能是客人自己「手來腳來」。說得誇張一點，只能是小姐「性騷擾」客人，但客人可是不能對小姐「性騷擾」的。

我們可以依偎在客人肩上，甚至靠在客人胸膛跟他聊天，但最大尺度的身體接觸，就只是纖纖小手放在客人大腿上，或是手臂溫柔摟住客人的腰，至於舌吻之類的激情演出，當然是不行的！你想想，若是有一桌小姐放任客人「喇舌」，其他桌客人看了都要求比照辦理，這樣豈不是整家店每一桌都在群魔亂舞、喇舌喇得昏天暗地？這樣不出事也得出事。

再次強調，日式酒店賣的是「曖昧」——一種「戀愛般」的感覺，而不是色慾。我們可以「撩」得客人心癢癢的，但最後還是要發乎情、止乎禮。

以前，我一個人就可以同時拿捏住四個客人。怎麼做到的呢？

我會坐A和B兩位客人中間，頭靠在客人A身上，手則放在客人B腿上，一邊甜蜜地跟客人C說話，不時還把嫵媚眼神瞟向客人D，讓A、B、C、D四個客人都覺得自己有被關注到。

再傳授一招給大家，我稱為「三秒七秒凝視法」，很多客人都很吃這套。

首先，凝視對象三秒，當彼此視線交接時，微笑撇開視線，同時用眼角餘光觀察到對方也轉頭後，再一次看向對方，當他也回看妳時，彼此相視約三秒，再欲說還休微笑轉頭。

如此往返兩、三次後，就可以嚐試一次長達七秒的對視，然後稱讚對方說：「我覺得你好帥噢！」或是用「好 man」、「好可愛」、「身材好」、「保養好」、「有魅力」等其他與對方個人特質沾得上邊予以恭維，誇完再害羞似的微笑別開視線。

通常被「三秒七秒凝視法」深情注視過的客人，都會萌生一種被肯定、被喜愛、覺得自己很有吸引力的喜悅，在那個當下，彷彿就有了戀愛的感覺。這招不只對客人有用，姐姐我以前去夜店，也常用這招讓外國人神魂顛倒請我喝飲料，姐妹們不妨學起來，說不定妳的意中人就會因此動了心唷。

除了眼神的交會，肢體接觸也有學問。有時候，光是「力道」的些微差異，就能讓客人心神蕩漾。

當我把手放在客人大腿上時，我並不是隨意放著而已，而會把整個手掌都張開，增加接觸面積。當我必須離座時，我的指尖還會稍稍用力，在客人腿上輕「摳」一下再走。別小看這個小動作，這可是能讓客人一陣酥麻，就會期待妳能再回來他身邊。

每個小姐都有自己抓住客人的「手腕」，因為競爭關係，大家當然也不會互相交流技巧，媽媽桑也不會特別教，全得靠小姐在經驗中自己「悟」出來。

知心解語比年輕貌美重要

常有人問我：「酒店小姐都要年輕貌美的嗎？」

年輕貌美在風俗業固然有其優勢，但是在傳統日式酒店裡，倒不見得必然如此。

我在那一間純日式酒店服務的時候是二十五歲，是店裡最年輕的小姐，除了我這個「二〇代」（「代」是日本年齡層的分法，二〇代就是二十幾歲的人）的「妹妹」以外，店裡還有三〇代、四〇代，甚至還有五〇代的姐姐。就跟台劇《華燈初上》一樣，有年輕女孩愛子和百合、三十幾歲的花子，也有四十幾歲的阿季。

為什麼都這麼「老」了，還能吃這一行飯？

那是因為，日本公司是不會派菜鳥出差的，至少要在公司打滾過五、六年以上，才有機會被派出國出差。如果是外派駐台的「社長」或其他高層，年齡甚至會拉高到五、六十歲，他們來日式酒店消費是為了要放鬆、解鄉愁。要服務這些日本客人，小姐們最關鍵的能力則是「知心解語」。

亞洲男人（特別是日本男人）比較壓抑，又沒有看心理醫生的習慣或文化，很多時候，酒店也扮演了某種定義下的「心理療癒」的角色，讓這些承受高壓的客人們，在店裡得以被傾聽、被理解、被認可。

放一個二〇代年輕漂亮但不諳日語的妹妹坐在社長旁邊，為了避免尷尬，她就只能一直慫恿社長喝酒、唱歌。一開始，社長或許會覺得新鮮有趣，妹妹不太會講日語的樣子也有點呆萌可愛；但幾次以後，社長就會覺得乏味，最後寧願回頭找懂他的「姐姐」。「姐姐」雖然沒有滿滿的膠原蛋白，但是有風韻，又懂得察言觀色，深知如何投己所好，可以把自己哄得心花怒放，這才是上酒店的妙處呀。

或許你會問：那店家直接找會說日文又年輕貌美的妹妹來上班，不就賺翻了嗎？要是有這麼容易就好了。年輕貌美又懂日文的女人，通常都會選擇其他行業，除非是有債務或經濟壓力之類的特殊理由，否則不會來酒店上班。就算來了，這樣的「極品」通常也很快就會被包養走了，多半也不會長久在店裡。所以，姐姐們雖然不夠年輕，但只要知心解語有手腕，還是有市場的。

姐就是夜之女王！

酒店也跟其他職場一樣，每一個從業人員都必須找到自己在工作領域中的「定位」，也就是獨特、鮮明的價值，路才能走得長久。

每個酒店小姐讓客人難以忘懷的特色都不一樣，有些人走清純小百合路線，有些人則溫暖包容猶如大地之母。要做到跟其他小姐有所區隔，又能迎合客人的需求，這樣才能受到客人歡迎。

我剛入行時，也曾花費過許多時間來尋找自己的定位。

最後，我找到了！這個「定位」是什麼？嘿嘿，你一定猜不到。

那就是：SM女王！

日本的上班族不管位階多高，其實都像是工蟻一樣，工作彷彿是人生的全部，加上民族文化使然，他們內心有很多被強行壓抑住的情緒。有時候透過「挨打」，其實就像是小規模地震一樣，反而可以幫他們適度釋放一些「負能量」。

我在店裡都會準備皮繩、鞭子、羽毛等齊全的道具，專門用來打客人屁股。不過，可別道具一上手就劈里啪啦亂打哦，那可會把客人惹毛的。玩女王遊戲前，得先知會客人，得到對方同意才行，而且還要嬌滴滴地幫對方建立好心理準備：「要是太痛，要跟我說哦！」

別以為當女王打客人是件很簡單的事，妳要穿著細跟高跟鞋，打得性感、打得漂亮，又能打得恰到好處，讓客人不覺得被冒犯，反而從中得到一種又羞恥又興奮的滿足感，這可是非常有難度的。為了要扮演好稱職的女王角色，我還特別花錢去外面拜師上課。

在正式進入打屁股環節前，還得先「暖臀」，先用固定的頻率和輕柔的力道拍擊屁股，先讓客人適應這種刺激，然後再冷不防加大力道打一下。對客人來說，這種雖有預期但又突如其來的疼痛感，可是無與倫比的銷魂刺激。雖然我嘴上說的是羞辱性的話，但搭配上嫵媚的神情，種種環節搭配起來，非但不會暴力，反而有種難以言喻的性感。

我特別喜歡腿毛多的客人，有時候，我還會把手伸到客人褲管下，偷拔他的腿毛（當然，這都是要衡量客人性格跟時機的），客人受驚幾乎要叫出聲時，還要挑逗地按住他嘴唇：「噓……不可以叫，媽媽桑會罵唷。」

人就是這樣，越禁忌的事情，越讓人興奮期待。

而我，正是最擅長撩撥這種「羞恥的興奮」的夜之女王。

不過，要玩女王遊戲也得要看狀況，通常是沒有別桌客人時，才會徹底解放玩到嗨，如果別桌也有客人，就不適合玩女王遊戲，因為這樣反而會讓自己的客人丟臉，不僅沒達到幫客人紓壓的目的，反而會給客人添加更多壓力。

送客，完美的句點

讓客人度過開心的一晚，在送客的環節，也要記得畫上一個完美的句點。我曾聽一個老一輩的計程車司機說，以前他深夜最怕把車開進條通，每一條都是單行道，寬度又僅容一輛車，「每家店送客又龜龜毛毛的，塞得動彈不得，真是氣死人了！」

可不是嗎？以前條通日式酒店的送客，真是堪比十八相送。

我們都會送客到門口，跟客人鞠躬、起身揮手、微笑、揮手，然後再鞠躬、起身揮手、微笑、揮手……重複好幾次，有時客人喝到飄飄然，也會跟我們九十度鞠躬道別，於是這套禮節就得循環更多次。不管客人有沒有回頭看，都得不斷重複「鞠躬、微笑、揮手」，直到客人徹底消失在視線前，送客禮數才算大功告成。

如果客人有叫車，我們送他上計程車時，除了要幫忙開車門，還要貼心地把手頂在車門上方，以免客人撞到頭。幫忙關好車門後，往後退一步，再重複上述「鞠躬、微笑、揮手」的送客禮儀，目送計程車離開。回到店裡以後，得立刻把車號記下，萬一客人不小心把東西忘在車上，有車號比較方便找回失物。

有時遇到比較「機車」的客人，我們送客時會一邊保持熱情的微笑，一邊憋著嘴跟同事偷偷說客人壞話（笑）。如果剛好遇到附近店家也出來送客，我們還會趁機跟對方的客人拋媚眼，其他店家的小姐也不是省油的燈，馬上就會叮嚀客人：「快點回家，不准去別家店『外遇』喔！」

客人來到這裡，買一晚上的傾聽、一晚上的歡樂、一晚上的戀愛感覺，還有一晚上的意猶未盡。夜裡的條通，就是這麼有趣迷人！

時代的眼淚

年輕的我完全沒想過，
日式酒店竟是一個夕陽無限好的黃昏產業。

每次經過鼎泰豐永康街總店，年輕時跟日本客人一同吃飯的回憶就湧上心頭。

鼎泰豐向來很受外國旅客歡迎，尤其是永康街的總店，更是許多外國人必去「朝聖」的地方，尤其是日本客人，都要求一定要去這間「本店」吃小籠湯包，其他分店都不要。

拜客人之賜，我去永康鼎泰豐的次數，至少已經累積兩百次以上了吧？就連哪一道菜在菜單的什麼位置，我閉著眼睛都可以指出來。

日式酒店小姐的計薪方式大致是：底薪加上酒錢的抽成，大約是十%

左右，主要是看客人開的酒價來計算，五千一瓶就抽五百，七千五一瓶就抽七百五，再乘以瓶數，就可以得出當月大概的收入。除了這兩個大項以外，「小進」跟「小出」也能增加一些收入。

所謂「小進」，就是跟客人去吃晚餐，然後再帶他進場。本來店裡是晚上八點開始上班，但小姐只要有跟客人去吃晚餐再帶他進店，就可以延至九點再上班，而客人必須要額外付給店家小姐陪他吃飯的時薪一千元。這一千元當中，店家抽一百元，小姐則可以拿走另外九百元。

對店家來說，這是一種鞏固顧客關係的方式，之後客人進店，還可以再賺人頭費跟酒水錢，所以當然很歡迎小姐約客人吃飯。

我第一個月進店時，知道有這個制度，簡直喜出望外，可以跟客人去吃免錢的好料、晚一個小時上班、還有九百元可拿，這未免也太棒了！所以我卯起來約客人吃飯，最高曾有一個月二十天都有「小進」的紀錄。我們月休四天，也就是說，那個月除了少數幾天，我幾乎每天都跟客人共進晚餐。

十秒點完一桌菜

我那時候很窮，如果客人願意帶我出去吃飯，我都是發自內心高興，客人問我想吃什麼，我完全不設限：「吃什麼都好！滷肉飯也可以！」

當年交際費優渥，日本出差客手頭都很寬裕，一看我這天真無邪的樣子，忍不住就笑了：「吃什麼滷肉飯？走，我帶妳去吃日本料理！」除了日料，最常吃的就是鼎泰豐了。拿到菜單，我可以在十秒內就點好日本客人想吃的，客人都會忍不住驚訝地說：「妳怎麼知道我想吃這些？」呵呵，那是因為大家差不多都點這些菜色呀，吃這麼多次，點菜功夫也該被訓練出來了。

因為日本客人都愛喝金牌啤酒，上座後，我通常會先跟服務生說：「金牌兩瓶先上！」然後，不同口味的小籠包各來一種，如果這個客人比較大方，松露小籠包就可以豪邁地給他點下去。再衡量吃飯人數，搭配炒飯、牛肉麵、涼拌小黃瓜等，絕大多數客人都會滿意。

除了鼎泰豐，很多客人也很愛去九份的知名景點阿妹茶樓吃飯。我去阿妹茶樓的次數多到店家誤以為我是導遊，竟然還想退抽成給我。

前面有說，我在店裡的定位是ＳＭ女王，客人都要聽我的。當年有一個客人特別寵我，有時他因為忙碌，來不及跟我吃晚餐，我還會半撒嬌半威脅地「交代」客人：「你不可以直接進店噢，你要站在店門口，等到九點再跟我一起進去！」而客人真的會乖乖照辦，讓我可以多賺那九百元「小進」的費用。

而「小出」，則是提早一個小時離店跟客人出去吃宵夜。和「小進」一樣，客人得額外給店家一千元，店家抽一百元，小姐抽九百元，而且十二點就可以下班，所以我也會積極慫恿客人帶我去吃宵夜。

「小進」跟「小出」的次數反映出小姐的業務能力。我們那間店規定每個月至少要有「四進四出」，若低於這個次數就會倒扣薪水，但如果超過，就是九百元乘以小進、小出的次數。我自己非常喜歡這個制度，可以跟客人到處吃香喝辣，又能理直氣壯晚到早退，此外還有錢領，何樂而不為？

酒店業的公務員

很多人以為在酒店上班，很快就可以輕鬆月入十萬，但這其實是一種誤解。

如果是在私檯制的台式酒店，小姐賺的是檯費，坐得越久就賺越多，或許比較有可能在一年內月入超過十萬；但如果是在日式酒店，除非小姐一進來就日文流利，手腕高明又有外貌優勢，否則以日式酒店的計薪方式，起碼要熬個三年左右，月收入才會破十萬。

雖然在日式酒店上班賺得比較少，但卻有個好處：那就是「情緒勞動」比較低。日式酒店是公檯制，沒有「選妃」壓力，接待的客人又以日本商務客居大宗，客源單純，客人們普遍都會尊重酒店的遊戲規則，很少會出現為難小姐的情況。日式酒店上班時間（晚上八點到午夜一點）也比台式酒店短，客人多是商務人士，相對來說比較單純。

日式酒店也是酒店業少數可以「做得越久、領得越多」的種類，我在二十五、六歲入行時，底薪是三萬，但如果我當時是從業十年、經驗豐富的酒店小姐，底薪反而可以拉到七萬。為什麼？酒店業難道不是「青春無敵」嗎？

理由是，經驗豐富的小姐絕對都深諳日文，也懂得規矩跟手腕，立刻可以上手，店家不必再耗費成本和時間調教；更重要的是，小姐手上就有「人脈」，她們可是「帶槍投靠」的，這些客人就是小姐的「軍火」，一進店就可以幫店家多帶進一個月二、三十萬業績，所以當然能要到比較好的底薪。

日式酒店的末代小姐

說到這裡，你是不是會覺得，在日式酒店上班，好像也是個滿夢幻的職業選擇？

之前還真的有人問過我：「我可以去應徵日式酒店嗎？我也想學才藝、學日文、學高爾夫。日式酒店賣藝不賣身，好像又不限年紀，到哪裡可以面試呀？」

各位姐妹，清醒點呀，現在已經沒有「純」日式酒店了，真的沒有了！這個行業就像「BB.Call」（年輕人搞不好連那是什麼都不知道吧）一樣，已經是時代的眼淚了。

現在的日式酒店，都已經不「純」了。以前日式酒店的客人多是只會講日語的日本人，主要匯集在中山區，下班後會到日式酒店來慰藉寂寞與鄉愁。但是現在學習外語的管道如此暢通，很多日本人的英文、中文都好得嚇嚇叫，加上網路和智慧型手機的普遍，讓社交變得極端容易，如今的日本客已經不需要在都是講日語的日式酒店尋找歸屬感了。

此外，網路的發達讓很多非必要的出差都取消了，加上日本經濟又陷入長達十年以上的停滯，交際費一砍再砍，日本出差客也不像過去那樣手頭寬裕，導致日式酒店榮景不再。二〇二〇年 COVID-19 疫情之後，更是讓這狀況雪上加霜，國際差旅有很長的時間完全停擺，純日式酒店更加無以為繼。

若姐妹們是指望在酒店「學習才藝」，那就更不用想了。且不說這些年大環境的變化，其實早在我入行時，「類藝妓」訓練的日式酒店就已經慢慢式微，我算是有趕上最後一班車的「末代小姐」，酒店還願意花錢培養我們。後來，媽媽桑就越來越不想投資在小姐身上了。

為什麼呢？固然是因為以前的人比較講所謂的倫理、情義，但最根本的原因，還是跟資訊科技的發展有關。

以前還沒有這些科技之前，訊息的流通有限，某種程度讓小姐比較願意認分留在同一家店長期服務。但有了智慧手機、網路以後，大家很容易就在線上比較各家店的環境、待遇、福利，也變得更容易互挖牆角，甚至有媽媽桑下重本投資的小姐，在學成後就跳槽到競爭對手那裡跟自己打對台，這叫媽媽桑情何以堪？慢慢地，就越來越不願意斥資培養小姐了。

驀然回首，華燈初上時

所以，真的不要幻想在這個年代還能去日式酒店接受類藝妓訓練，可以學習琴棋書畫又可以賣藝不賣身，只要應付單純的客源就好。

這些，都已經是過去式了。

是的，條通曾經有過燦爛輝煌的黃金時代，見證過台日經濟發展的繁榮歲月，那時候的日式酒店，不僅是承載日本客人鄉愁的去處，也是商業、文化活動的重要環節。

現在縱使還有所謂的日式酒店，也已非當年日式酒店的模樣了。我後來參與條通文化的宣傳，帶導覽、說故事，其實都是為了紀念這段曾經熠熠生輝的歷史。

哎，二十年前那個年輕的我，完全沒有想到，當時那些歡言笑語、處處歌聲的日式酒店，原來，竟是一個夕陽無限好的黃昏產業呀。

你的起點可能已經是我的終點。
從來沒有經歷我的苦，就不要一味勸我為善。

條通很像珠寶盒，每一家店打開門後，都有不同的寶藏，
對每一個客人而言，有著不一樣的意義與回憶。

我在日式酒店裡學到的知識，是當個女人，有質感、有個性的女人。

台灣人喝酒看感覺，日本人喝酒看細節。

我們這一行不看學歷、不看年紀，全憑個人本事，
也因此接住了社會底層許多人，
大家都只是努力求生存，用力活下去。

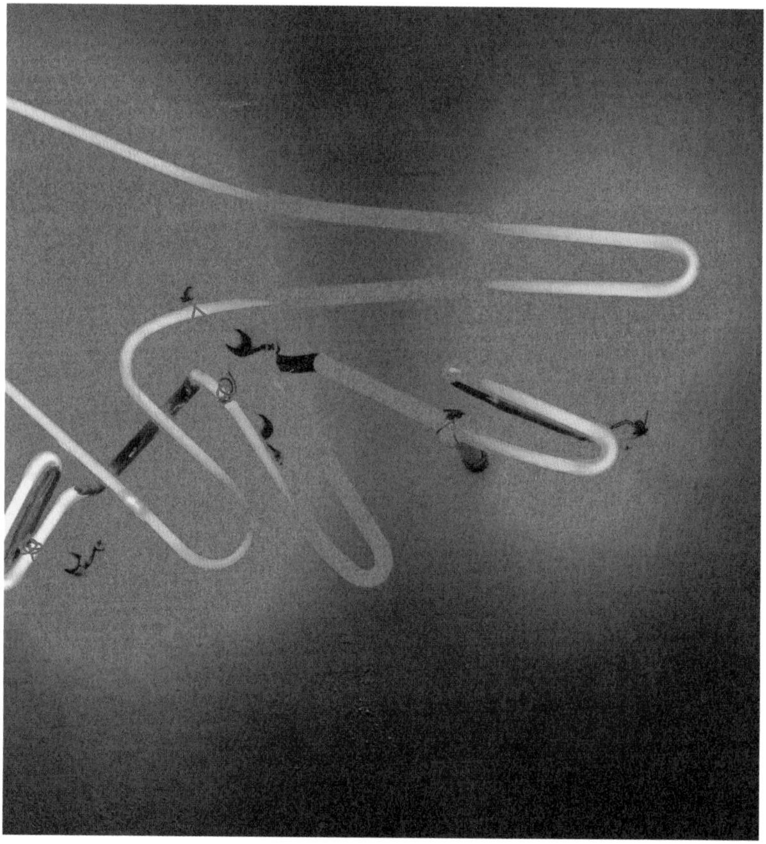

沒有不好 Hold 的客人，只有不會坐檯的小姐！

膝蓋碰一個，背靠另一個，嘴巴撩一個，眼睛再撩另一個。這就是手腕。

男人老了有「兩億（憶）」：失憶和回憶。

男人要買的是什麼？其實只是想要有人聽他說說話，覺得開心而已。

PART 3

美麗與哀愁

刻意遺忘的記憶

我怎麼會讓自己淪落到這種身不由己的處境呢？
好不容易脫離了虎口，竟然又進入了另一個陷阱……

幾年前，《台灣人的歌舞伎町》在台灣出版前，出版社為了尋找可以舉辦簽書會的日式酒店，來我的店裡看場地。工作人員向我順口問了一句：「媽媽桑，妳有在歌舞町工作過嗎？」

「有啊。」我不假思索地回答。突然被問到這個問題，我不禁一怔，年少時那一段在歌舞町工作的回憶，突然從腦海中翻湧而出。

我常自嘲是「金魚腦」，事情記不過三秒，這麼多年來，我從來沒有回想起那些往事，若不是工作人員提起，我還以為自己早已忘記了。

沒想到，原來我一直還記得。

美夢竟然是惡夢

二十八歲時，我跳到另一家半出場的日式酒店當「小媽媽」（チーママ，讀音是 chi-mama）。日式酒店的組織架構大致分為三個層級，最高階主管是「老闆娘媽媽桑」（オーママ，讀音是 O-mama），「O」指的就是「Owner」；下一層是媽媽桑；媽媽桑之下，則是小媽媽，可以看做是公司裡的中階幹部。如果店的規模很小，可能就只有媽媽桑跟小媽媽兩個層級。因為我的英日文都不錯，所以在第三家擔任小媽媽，負責協調小姐出場。

那時，已故藝人「蔡頭」在台灣剛成立以反串秀出名的「紅頂藝人」，還在條通開了間店。有一次，蔡頭到我們店裡來玩，聽到我唱歌，直誇我歌唱得很好聽，還問我：「妳想不想去日本上班啊？」

我是最愛新奇事物的雙子座，有機會去日本工作，那多酷啊，我當然想啊！「紅頂藝人」這麼有名，跟著他們去，應該很有保障吧？說不定還能因此抓住千載難逢的機會一炮而紅呢！

懷抱著美夢，我答應這個邀約，跟原本的酒店請了留職停薪假，開開心心追夢去了！沒想到，這場日本追夢之旅，追的竟然是一場惡夢。

當初來牽線的經紀人把工作內容說得天花亂墜，我們只需要晚上上台表演，除了提供底薪，小費還可以自己拿，同時承諾公司會包辦住宿。但我們人到了名古屋以後，卻發現完全不是這麼一回事！

首先，住宿費竟然還要從我們的收入裡扣，並非免費提供，而且住宿環境還相當糟糕。我以為經紀方會提供每個藝人獨立的房間，或至少提供二人房到四人房，但實際上卻只有一間又小又暗的榻榻米房間，我們就像擠在船艙裡的偷渡客一樣，男男女女全都混睡在這個大通鋪上。

每個人能分配到的空間僅有一床棉被大小，毫無隱私可言。晚上起來上廁所，還得小心翼翼地繞過來跨過去，免得踩到「室友」。由於多人一室，每個人的作息時間不一致，加上夜裡有些人會打鼾、有些人會磨牙，我幾乎沒有一天能睡得好。

住宿條件惡劣倒也罷了，落差最大的是工作內容。我們的工作地點是在一個很大的表演場，場地裡設有舞台，由我們這些「藝人」輪番上陣表演。但是，我們除了在台上表演歌舞以外，下了台竟然還得陪客人喝酒。不但如此，店家還會幫忙安排客人，我們連白天都得陪客人出去玩，弄得好像一整天都處於工作狀態，這些都不是當初講好的工作內容。

雖然店家並沒有「強迫」我們，但其實我們並沒有拒絕的空間。如果我們說不，經紀人跟店家就會冷言冷語質問我們：「鈴木先生只不過就是想帶妳出去玩，為什麼不去呢？」

晚上上班已經夠累了，白天我就是不想再繼續工作，想要好好睡一覺補個眠啊。拒絕一兩次還好，如果一直堅持，經紀人跟店家就會持續施壓，給我們臉色看、對我們冷嘲熱諷。經紀人用中文數落我們，店家則是用日文諷刺我們。其他台灣藝人只聽得懂中文罵詞，店家用日文酸人時他們都是鴨子聽雷，但我偏偏中日文都通，兩種言語霸凌我都聽得懂，等於是壓力加倍。

藝人要是不就範，店家甚至還會冷凍你，讓你沒有小費可賺，甚至連去討一杯水喝，都會被臭臉搶白一頓：「沒有！」為了讓日子好過一點，最後大家都會選擇忍耐、配合。

經紀方跟店家冷暴力，工作負擔又這麼重，晚上還不得安眠，簡直讓人身心俱疲。感覺上，好像只有陪客人去飯店，才能喘口氣好好睡一覺。

或許你會問：既然這麼痛苦，為什麼不回台灣呢？

那是因為我們沒錢離開呀！

我們去日本上班，其實算是「打黑工」。當初我們是辦觀光簽證進去，可以在日本停留九十天，經紀方幫大家買的是來回機票；也就是說，要等三個月簽證期滿才會把我們帶回台灣。而我們在日本的底薪卻全都被經紀方扣住，說要等回台灣才能結給我們。雖然客人給的小費我們可以留著，但那時候又還沒有廉航，機票都很貴，小費數額根本不夠買單程機票回台灣，我們等於是被軟禁在那裡打黑工。

撐了兩週，我實在受不了了，找了個機會偷偷打電話給以前在酒店認識、後來回去東京的客人哭訴。那個客人很熱心，他先匯一筆錢給他住在名古屋的朋友，委託朋友到我們那間店消費，再偷偷把這筆錢轉交給我，那筆錢剛好夠買新幹線到東京的車票，那個客人還把我介紹給在歌舞伎町開店的一個台灣人媽媽桑，讓我之後可以在她那裡上班。

美好新生活？

雖然在之前那間店有兩週的薪水沒領到，但我寧可「認賠殺出」，薪水不要了，拿到客人轉交的車資就落荒而逃。

到歌舞伎町以後，剛開始那個台灣人媽媽桑真的很照顧我。幫我安排了獨立的房間，還親親熱熱地帶我去新宿二町目吃飯，光是底薪一天就給我一萬日幣，我只要在店裡陪客人唱歌、喝酒就好，跟之前在台灣的日式酒店工作沒太大分別。

那間店裡一共有十位小姐，其中三個是台灣人，另外七個則是從中國大陸來的，因為台灣妹仔在日本比較受客人歡迎，那些中國姑娘都被教導要對客人謊稱自己是台灣人。

有一次，我在旁邊聽客人跟其中一個冒充台灣妹仔的小姐對話，真的是太令人噴飯了。

「妳是台灣哪裡來的呀？」

「喔……我是嘉義來的。」

「嘉義？嘉義在台灣哪裡？」

「呃……就是靠近一〇一那裡呀。」

聽到這裡，我真的差點控制不住要大笑出聲。

拜託一點！要冒充台灣妹仔，應該先惡補一下台灣的地理常識吧？但那個客人顯然也對台灣不熟，可能還以為嘉義是台北的某個行政區吧？竟然還真的被唬住了。

我是整間店裡最年輕的小姐，不但是英日文都很流利的正港台灣妹妹，沒什麼風塵味，臉長得可愛又是「人間胸器」，加上個性開朗又很會唱歌，很快就成為店裡最受歡迎的小姐。

我還找我媽來日本玩，帶她到店裡看我唱歌，讓她知道我在日本過得還不錯。媽媽桑不但帶我媽去吃飯，還貼心地幫我訂了箱根一泊二食的飯店（不過費用還是我自己付錢就是了），讓我放假帶媽媽好好去玩一天。

我當時真心覺得，這個工作很理想。萬萬沒想到，所有的美好竟然都只是「甜頭」。

慈眉善目後的算計

我媽回台灣以後，原本慈眉善目的媽媽桑換了一副面孔，開始對我洗腦，要我跟客人睡覺。當時喜歡我的客人很多，我可以想像，一定有客人對我有進一步的遐想。但是，這已經完全偏離我來日本打工的原意了。

我消極抵抗，媽媽桑就繼續軟硬兼施。有一次，我們並肩走在街上，媽媽桑拉長了臉，邊走邊數落我：「我對妳這麼好，妳卻這麼沒有良心！這個客人這麼捧妳的場，妳跟他睡一下，會怎麼樣嗎？」我不敢回嘴，只是默默跟在她身邊，聽她不斷教訓我。

當我們經過歌舞伎町某一間 Love Hotel 門口時，媽媽桑竟然狠狠推了我一把，硬是把我推進飯店大門，給了我客人房號，要我上樓去找客人。事發突然，我腦中一片空白，只能硬著頭皮走到客人房間。

客人房門打開的那一剎那，我一陣難過的情緒湧了上來，眼淚不聽使喚撲簌簌狂掉。本來好整以暇在抽菸的客人，看我哭得梨花帶雨，反而被嚇到了，慌忙上前擁住我，連聲哄說：「沒關係、沒關係，妳不想要就算了，不做也沒關係。」

我原本只是流淚，被客人這樣溫柔一抱，反而情緒更加激動，失聲痛哭了起來。接下來，我就像驚弓之鳥一樣，客人只要稍微有一點動作，我就整個人反射似地迴避躲開。這個客人很紳士，看我反應這麼大，便柔聲對我說：「我覺得妳現在滿難過的，那麼，這間房間就留給妳靜一靜好了。」於是便起身離開了，臨去前還好心叮嚀我：「房間妳可以用到十二點，沒問題的。」

坦白說，我並沒有立下絕對不能跟客人上床的規矩，這個客人又是個好人，我並不討厭他。但是，當下我就是不想！就是心裡堵了千百種連我自己都釐不清的委屈情緒！

我原本抱著美好的夢想來日本工作，以為會有個充滿希望的嶄新開始，怎麼會讓自己淪落到這種身不由己的處境呢？好不容易脫離了虎口，竟然又進入了另一個陷阱……。

後來，簽證期滿後，媽媽桑也不能不放我回台灣。不知道是不是出於某種自我保護的心理，我的大腦選擇性地封存了許多在歌舞伎町工作的回憶，有很長一段時間，我完全沒有再想起在歌舞伎町發生的事情。

若干年後，那個媽媽桑退休後回台灣，還特地找我吃飯。她可能完全沒意識到，她曾對我做的那些事情有什麼問題吧，所以才能若無其事找我吃飯。而我當時竟然壓抑到連坐在她面前，都沒有想起那些不堪的經歷。我對她的印象，就只留在她很照顧我的那段時光裡——那時候，所有的事情都還尚稱美好。

客人很好。老闆娘很好。在日本工作很好。

這樣就好了，不愉快的陳年往事，不需要被召喚起來。

也許，這樣才是最好的吧。

白天不懂夜的黑

社會對於酒店公關的異樣眼光與誤解，就像是「白天不懂夜的黑」，你是否願意試著理解，屬於黑夜的美麗與哀愁？

我剛到酒店上班時，並沒有讓我媽媽知道。

因為，我不知道該怎麼跟她解釋我的工作性質。

當時我跟我媽同住，我媽很納悶為什麼我每天都這麼晚才回家。一開始，我只是含糊地說是在類似卡拉OK的地方上晚班，客人都是日本人，並沒有明講自己是在日式酒店上班。

我也沒說謊。我每天晚上確實是在陪日本客人唱卡拉OK。只是「酒店小姐」這四個字還是太沉重了，儘管我內心其實還挺喜歡我的工作，但就是無法說出口。

當時我認識的同事們，大概有八、九成都隱瞞家人自己從事酒店工作，有些姐姐則是白天有另一份差事，而這份差事是可以正大光明講的，至於晚上的工作，可就無法坦然明說了。

社會對八大行業仍舊存有某種歧視，「拜金」、「賺快錢」、「花瓶」、「8＋9妹」、「愛慕虛榮」、「虛情假意」等，都是常見的刻板印象，更令人情何以堪的還有「髒」、「賤」、「婊子」、「妓女」、「剝皮」、「靠腿開開賺錢」等侮辱性標籤。

在這種社會壓力下，我們當然只能對自己的職業三緘其口，就連面對至親時，也很難啟齒，我一直工作到第二年，才開誠布公地跟我媽講。

我跟我媽講時，還不厭其煩地幫她打預防針：「妳一定要相信妳自己的女兒，我知道什麼是對錯。」但我媽還是似懂非懂，為了讓她可以充分了解日式酒店的工作性質，我乾脆直接問媽媽桑能否讓我把我媽帶來店裡上班一天，同時也詢問想找我吃晚餐的日本客人，可不可以讓我媽跟一次？

那個客人正好會講中文，跟我媽相談甚歡，他一直在我媽面前誇我上班很認真、工作很稱職，我心裡好感激他呀。吃完飯，我們就帶我媽去店裡，因為她算是客人帶來的，而且也幫她付了人頭費，所以可以用「客人」的身分，觀察我在店裡做什麼。那晚，她坐了三小時，還歡唱一個晚上的卡拉ＯＫ才盡興返家。

自從我媽到我們店裡「探勘」過後，她顯然對「酒店」有了全新的認識，甚至之後看我晚餐時間還待在家裡，還會質疑我：「啊妳怎麼沒去跟客人吃飯？」

我還打趣回她：「妳這老母是急著要把女兒推入火坑嗎？」

我跟我媽感情很好，母女之間有很強的羈絆與信任，所以才能把事情攤開來討論（但儘管如此，我也猶豫了一年才說明白），否則真的很難說出口。

職業風險與情緒勞動

很多人以為酒店小姐「很好賺」，或是以為酒店小姐都是一群「墮落」、「沒有專業」，靠賣笑來賺「快錢」的「虛榮」女人。

但事實真的是如此嗎？

我覺得，社會上給酒店小姐貼上的各種污名，說到底，就是「白天不懂夜的黑」吧。

是的，我們的確是在販賣「曖昧」，我們撒嬌、我們傾聽、我們吹捧、我們安撫，我們察言觀色、溫言軟語、巧笑倩兮，取悅上酒店消費的客人，這難道不也是一種「專業」嗎？

類似的話術或手腕用在銷售其他東西上面，賣保險、賣保健品、賣汽車、賣房子……一點問題都沒有，怎麼用在酒店就低三下四、罪大惡極了？

酒店小姐工作中的職業風險與情緒勞動，經常比其他工作還來得高，這樣的錢也未必真的「好賺」。

我比較幸運，一開始就在日式酒店工作，雖然薪水相對於台式酒店少很多，但因為酒店的遊戲規則清楚，客源又非常單純，就連我這種不會喝酒的人，也都可以在日式酒店工作。而且，台式酒店一般來說都是有簽約的，也就是雇主要保證接下來一段時間，妳都會在店裡工作；而日式酒店則通常是不簽約的。因為這些制度上的差異，整體來說，在日式酒店工作的情緒勞動，真的會比在台式酒店少很多。

台式酒店幾乎都是私檯制，計費結構跟公檯制的日式酒店很不一樣。台式酒店的酒水錢乍聽比日式酒店便宜很多，但是費用是疊加的，小姐的數量跟坐檯的時間都會列入計費，這種計費結構有時就會讓客人有種「恁爸都在妳身上花了錢，是安怎不能摸／舔／咬／摳？」的錯覺，會對小姐各種臭幹喇譙，強迫小姐做一些超出她工作內容的服務。因為是在包廂裡面，灌酒、性騷擾這種事很常見，甚至性侵也時有所聞。

而且，台式酒店的客人組成比較複雜，商人、民代、官員、富二代、道上兄弟……三教九流都有，萬一遇到牛鬼蛇神型的客人，酒店或經紀又比較無法保護小姐，小姐就只能強顏歡笑、自求多福，除非妳夠紅，才有底氣可以硬起來拒絕客人的無理要求。

台式酒店的看檯「選妃」制度，對於小姐們的自信與自尊也是一種慢性侵蝕。試想，每天進包廂讓客人評頭論足，嘴巴壞的客人還會當眾把妳羞辱到體無完膚。「落選」後，不僅少失了賺錢機會，還傷了自尊，若是屢屢「落選」、總是被客人無情打槍，真的會自卑到懷疑人生。而「有幸」被選中的小姐，如果遇到好客人，願意把妳的時間框下來，那自然是最好的結果；如果不幸遇到奧客，就會落得身心傷痕累累。

我不否認，有些人做八大行業的確是因為物質欲望，但就算是如此，為什麼就應該被人唾罵？這些人也是付出個人的時間、心血，並承受極大的風險，賺辛苦錢來滿足自己的欲望，不是嗎？

況且，有相當多來做八大的人，是因為必須要有一份足以支撐家庭的收入，很多條通姐妹或男公關是單親媽媽或單親爸爸，有些甚至家裡還有臥病的高堂老父母要照顧。

這也是為什麼我們後來要組「台北市娛樂公關經紀職業工會」的理由，這群工作者承受的職業風險高，店家也不一定會為旗下員工保勞健保，他們很有可能會成為社會安全網兜不住的人群，萬一遇上突發變故，就會措手不及。

後宮甄嬛傳

酒店業的情緒勞動除了來自客人，也經常來自「同事」。酒店這個行業，就是鶯鶯燕燕多，又極度仰賴客人的「恩寵」，所以同事之間也經常搞得跟《後宮甄嬛傳》一樣，動不動就勾心鬥角。

就像是電視裡的宮鬥劇一樣，新來的小姐經常會被原本的小姐排擠甚至攻擊，這也不難理解，因為新人來了，就有可能搶走舊小姐的客人，影響她的收益。長得漂亮的新人固然會遭到排擠，就連其貌不揚的小姐也可能會被霸凌。

說來殘酷，這就好像古早時代的部隊一樣，新人入行被欺負，這在酒店業幾乎是一種常態。有些小姐不止會對她討厭的新人冷暴力，更有甚者，還會故意挖坑給對方跳，把她推給特別糟糕的客人。比如說，熟客今天帶了一個出了名的「奧客」來店裡，有的小姐就會故意慫恿客人：「她是新來的噢，點她啦，試一下新貨色嘛！」刻意借刀殺人，讓奧客折磨自己的眼中釘。

客人如果找小姐麻煩，同事大多都會選擇袖手旁觀。你或許會說：「這也太不講義氣了吧？」唉，不是小姐們不講義氣，而是輕易介入這種紛爭，很容易就「公親變事主」，最後未必幫得了對方，還可能惹來一身腥；萬一惹錯人，更是後患無窮，搞不好以後想在店裡繼續生存下去都很難。

有時候，彼此看不對眼的小姐衝突升溫，還有可能會當著客人的面就吵起來，甚至大打出手，而客人不但不會勸架，有時還會故意火上澆油。對某些客人來說，自己花同一筆消費，還可以看到這種野貓打架般的「彩蛋」或說「餘興節目」，等於是賺到啊！當然放著讓小姐們繼續互撕，勸什麼架咧？

我不是說在酒店業就不存在所謂「姐妹情」，當然也會有一些小姐彼此投緣、私下交情不錯，但是大家都心知肚明，彼此都是競爭對手。有時主顧客被姐妹淘搶走的感覺，可能比被敵人搶走還要更不是滋味，除了損失業績的不甘，還會有一種被背叛的傷心。

也經常聽說有小姐因為自身的經濟問題，跟姐妹借一大筆錢以後，就徹底人間蒸發，好心借錢的小姐最後根本討不回這筆錢，只能認賠。

這也是為什麼很多酒店小姐最後都會選擇當個不沾鍋，獨善其身、盡量別惹事，只求做好自己的分內事就好。在這種職場文化裡，要當充滿聖母光輝的白蓮花，或是仗義直言的正義使者，真的太難了！

易地而處的沉浸體驗

二〇二〇年，我跟「酒與妹仔的日常」團隊舉辦一個零距離貼近酒店生態的沉浸式體驗活動。我們模擬了一個酒店日常的環境，讓有興趣的民眾可以分別扮演陪侍的公關或是來消費的客人。現場也有找來演員，以推動不同的情境，比如說，當客人伸鹹豬手、發酒瘋、對小姐咆哮等。

我們還特地為扮演酒店小姐的民眾準備假髮、服裝與高跟鞋等道具，同時讓她們體驗讓客人挑三揀四看檯選妃的過程，身歷其境去做點菸、倒酒等桌邊服務，以及陪客人聊天等酒店女公關的工作。

我們安排演員演出的那些橋段並沒有誇大，都是常見的酒店工作場景，但是對於一般民眾來說，那可真是一場震撼教育。在一個半小時的體驗活動後，幾乎所有扮演酒店公關的民眾都覺得壓力龐大：「原來，酒店小姐真的不好當！」「幸好我平常不用面對這種事情。」

社會上對於酒店公關的異樣眼光與誤解，真的就是「白天不懂夜的黑」，透過這個活動，我想多多少少能讓那些處於白晝中的人們，試著理解一些屬於黑夜的美麗與哀愁吧？

只可惜這種小規模的體驗活動，還是很難撼動社會上對酒店業的刻板印象。要去除大家貼在酒店公關身上的負面標籤，並且給她們一個安全、有保障的勞動環境，恐怕還有一條長路要走。

媽媽桑悄悄話：是酒店小姐就可以輕薄？

我曾在網路上看過一則酒店公關的心聲。她在交友軟體上認識了一個男生，後來兩人約出來見面。男生感覺是個彬彬有禮又風趣幽默的紳士，吃飯聊天的過程都很愉快，直到男生問起她的職業。

當女生直言自己是「酒店小姐」以後，男生一改剛剛的斯文，態度明顯輕浮了起來，甚至毛手毛腳想摟抱女生，一副既然妳是酒店小姐，肯定就可以「隨便」的嘴臉。

我看了那則貼文，心裡實在很感傷，難道因為我們是酒店小姐，就不必尊重我們的身體界線嗎？

也有人認為，做酒店小姐一定很會喝，所以在一些應酬場合，就會起鬨要妳喝；我也聽說過酒店小姐的親戚朋友打從知道她在做八大，就覺得她的錢一定「很好賺」，竟涎皮賴臉要來跟她「周轉」。就是因為社會上對八大行業存在太多誤解與歧視，坦然承認我們的職業才會這麼難。

男公關：難度最高的陪侍業

「戀愛感」可不能演得太滿，
如果讓客人以為兩人是「真的」相愛，那就麻煩大了！

如果問我，條通難度最高的陪侍業種，我的回答會是：男公關。為什麼呢？因為男公關的服務對象是女人，而女人又是一種最敏感的生物，要伺候得好，可不是件簡單任務。

光是「外表」這件事，男人跟女人的標準就天差地別。

男人是視覺動物，十個男人坐在那裡，只要有個前凸後翹的女人穿比基尼進來，男人們全都眼前一亮：「哇，好兇（胸）！」但如果是十個女人坐在那裡，一個壯男穿泳褲走進來，眾家姐妹們可能會開始評頭論足：「哎，他不夠高！」「身材不錯，可是臉不夠好看。」「欸，他線條不夠好。」

女人是感覺動物，看男人的偏好也非常複雜，十個女客人可能會有十種意見，不是只要皮相好，就能博取諸位刁鑽女客的歡心。也因此，很多男公關店都採「人海戰術」，一堆哥哥上陣，總會有客人喜歡的類型。

男公關店的工時非常長，通常從凌晨一點，營業到次日早上八點，比女陪侍業還久。為什麼會這麼長呢？那是因為男公關店的主要客群不是別人，正是他們的異性「同業」：酒店小姐。

大醉的心碎女人是危險動物

很多人以為會去男公關店玩的顧客都是有錢有閒的貴婦，其實貴婦只占男公關店客群的一小部分而已，她們晚上多半還是要正常睡覺的。會去光顧男公關店的，大多數都是酒店小姐，她們通常下班以後，會去男公關店尋歡。

這也是為什麼我會說，男公關業是難度最高的陪侍業原因之一。他們不僅工時長、要面對「口味」複雜的顧客，重點是：這群顧客很多是「受過傷」的女性！

男人跟女人找陪侍的理由很不一樣，雖然同樣都有「紓壓」的成分，但男人通常就是來找樂子，而女人則滿多是為了「療傷」。

至於療傷的原因，貴婦顧客通常是情場失利、職場受挫；酒店小姐則可能因為工作中被客人欺負，所以上男公關店尋找安慰或是找人出氣，而酩酊大醉的傷心女人，有很高機率會變身成最危險的動物。

男人發酒瘋雖然也很煩，但相對起來，比較容易「安搭」，通常只要小姐婉轉「奶」[10]一下，就能消停許多。但是，喝醉酒的傷心女人很多都特別「盧小小」[11]，一哭二鬧三上吊也就罷了，有些還會灌男公關酒，甚至出手暴打男公關。

10—台語讀音 nai，指撒嬌。

11—台語讀音 dzu siâu siâu，指糾纏不清、蠻不講理。

有一次，我跟店裡的同事去男公關店消費，隔壁桌的客人不知有什麼委屈，喝醉酒後又哭又叫，不但搥打男公關，還抄起桌上的東西瘋狂亂扔，菸灰缸還橫飛到我們這一桌來，差點就砸到人。只能說，發酒瘋的女人真是太恐怖了！各位請一定要給男公關們一些敬意，他們可是用生命在服務這些心碎的姐妹啊。

男公關店的消費方式通常根據店的規模有所不同。如果是大店，兩個女客去玩，基本上一次會配五位公關來服務，光是桌面錢（table charge）就是一萬五起跳；若是三個女客，大概會配到七個公關（當然，客人若要加點更多男公關，就得加錢），桌面錢則從一萬七千元起跳，酒錢、小費等另計，各家店訂價不同。中型店跟小型店消費結構差不多，只是桌面錢比較便宜一點，中型店約落在五千到八千元不等，小型店則是一千五至二千元左右。

一般來說，男公關是沒有底薪的，基本上都得靠客人捧場的檯費、酒錢、小費才有賺頭，女客們又這麼難取悅，這一行絕對沒有大家想像得這麼容易賺錢呀。

有特色比高顏值重要

從業這麼久，姐姐我當然也去見識過不少男公關店，你們一定很想知道姐姐的「心得」對吧？欸，請容我偷偷說一句：稱得上俊美小鮮肉的男公關，其實非常稀少。

因為那種人間極品通常入行沒多久，就會被富婆包走了，還留在場中繼續披荊斬棘的哥哥們，多半「姿色」沒這麼出眾，所以真的不必期待男公關店裡一字排開都是韓劇「歐巴」般的帥哥。

這樣的現象不是只有在台灣，男公關業發達的日本也一樣。日本男公關店有所謂初次體驗價，按照店的等級，體驗價大概是日幣一千、三千、五千、一萬元不等，價錢真的很便宜。如果台灣男公關店也搞這麼「激安」（超便宜）的體驗價，肯定賠死，但日本文化中就是有種「不好意思」的情結，顧客一旦去了，再光顧的比例挺高的，因此還是有賺頭。

我在東京工作期間，就曾用體驗價去澀谷好些男公關店玩過，從便宜到貴的都有。就我的經驗，便宜的店跟昂貴的店主要差異是店家的硬體裝潢，至於哥哥們的「顏值」則並沒有太明顯的差距，帥哥同樣都是鳳毛麟角，大部分哥哥們都只是中人之姿。不過我對日本男公關們外表最深刻的印象是：他們都好喜歡把前額的頭髮吹得好高噢，我想大概是因為可以在視覺上增加幾公分的身高吧（笑）？

台灣的男公關也一樣，帥哥其實不多（當然也有可能是姐姐我太挑剔了，女人嘛，眼光都很苛刻的），專業的男公關其實不是靠臉吃飯，而是靠對女人心的洞察力。所以店裡業績最好的男公關，往往不是顏值最高的，而是有個人特色、幽默風趣、能夠讓女客人開心的類型，厲害的男公關甚至可以讓女客人在短短的時間內，就能體會到所謂的「戀愛感」。

日本第一男公關羅蘭就是頂尖的撩妹高手，他流傳在江湖上的金句很多，像是：

「世界上只有兩種女人：喜歡我的，和未來會喜歡我的女人。」

「世上只有我，及我以外的兩種男人。」

論外表，羅蘭比較陰柔嫵媚，帥不帥真的見仁見智，但他能言善道、又有獨樹一幟的幽默跟自信，總是能讓女客人笑開懷。記住，能讓女人開懷大笑，就有很大的機會可以攻陷她的芳心。

「他對我不一樣」

男公關奉承女客人、對女客人甜言蜜語、把女客人逗得心花怒放，其實都是他們工作的一部分，就像酒店小姐也會極力討好男客人的歡心一樣，大家就只是認真做好我們的專業罷了。

一般來說，客人跟陪侍雙方都心知肚明，這就是逢場作戲，大家圖個開心；但有時候，客人卻真的會愛上男公關，而且，就像《華燈初上》的百合一樣，明明自己身處歡場，卻還是「暈船」了。

條通有一種說法，酒店小姐有三樣東西絕對不能沾，分別是：毒品、賭博跟男人，一旦沾了，就會讓妳一無所有。

毒品跟賭博就不用多說了，不要說是酒店小姐，這兩樣東西會讓所有沾上的人萬劫不復。至於「男人」，指的是那種會讓酒店小姐掏心掏肺、掏出所有身家去供養的男人。

在這一行，我看過很多酒店小姐為了養男友，或是為了養男友，或是為了男公關爭風吃醋，把在酒國裡委曲求全、犧牲色相賺來的辛苦錢，全都拿去捧男友和男公關，最後真的有可能一無所有。

或許有人不解，酒店小姐跟男公關也算是「同行」，應該清楚那些甜蜜的愛情路數只是在「營業」吧？

唉，我只能說，裝睡的人是叫不醒的。

我有個在台式酒店陪侍的朋友，就花了很多錢去捧某個男公關，勸她要清醒點，她卻說：「他對我，跟對一般客人是不一樣的……。」

因為我太了解這個行業的甘苦，我並不會笑她傻，酒店小姐賣關懷給客人，但我們自己也經常是需要關懷的人，所以才會陷入其實是「營業」的溫柔。我想她內心深處應該也知道這是夢幻泡影，只是有時候，或許是因為現實太難以承受，告訴自己這場美夢是「真的」，才會讓人生比較好過。

只是，當這場夢徹底醒來時，那可是另一種痛呀。

戀愛感是把雙面刃

不過，對男公關而言，「戀愛感」這種東西可得小心拿捏，萬一遇上無法自拔、個性又比較激烈的客人，可能會演變成一種災難。

我曾問過一個男公關K：「最麻煩的客人是哪一種？」

「是戀愛客。」他不假思索地回答，接著心有餘悸的告訴我，那段遇上恐怖戀愛客的親身經歷。

在這裡就稱那位客人為A小姐好了。A小姐第一次到K店裡時，就開門見山跟店裡的幹部說：「我想要找可以給我『戀愛感』的男公關，符合這個條件的男公關都可以坐過來。」

就像面試一樣，A小姐跟這些男公關們一個個聊過一輪以後，K雀屏中選成為她「期間限定」的「男友」。A小姐跟K約定好要展開為期三個月的戀愛關係，在這段時間內，K必須每天對她提供噓寒問暖、甜言蜜語，此外，還要提供送花、一起吃晚餐等貼心男友服務，交換條件則是她每週都會貢獻給K一筆可觀的業績。

K原本覺得這是一門好生意，客人自己把遊戲規則跟期限都設定得這麼清楚，應該很單純。我相信當時的A小姐，腦袋應該也還很清楚，這就是一個商業行為，雙方就是玩一場為期三個月的愛情遊戲。期限一到，大家就分道揚鑣、各自安好。

後來K就如對方的要求，在這三個月扮演一個稱職的男友。或許是他扮演得太過稱職，三個月期滿以後，A小姐入戲太深，徹底「暈船」了，死也不願放手。

於是當初去店裡消費約定條件時看似理智的A小姐，在「情傷」後卻變得極其偏激，覺得K始亂終棄，不但瘋狂騷擾他，還在條通亂放話、發黑函抹黑謾罵，想要讓K在這個圈子混不下去。

所以，對男公關來說，「戀愛感」有時可不能演得太滿，尤其忌諱山盟海誓，那會讓客人以為兩人是「真的」相愛、自己是男公關的「唯一」，開始要一生一世修成正果，那可就麻煩大了。

勵志型夜王

姐姐我一來完全不會喝酒，二來又徹底看透歡場的戀愛感，去男公關店還真是玩不大起來。記得年輕時有一次陪當時的媽媽桑，去她好朋友開的男公關店捧場，那是一間有百多名男公關服務的大店，是我第一次去這麼大場子的男公關店玩。

我們四個女客，一上來就配了十二個哥哥，等於每個人有三位男公關服務。哥哥們先寒暄破冰後，開始要為我倒酒。

「不好意思，我不會喝酒。」

「這樣啊，那，我們來玩骰子吧？」

「我也不會玩骰子。」

「那我們來划拳？」

「我也不會划拳。」

哥哥們整個傻眼，還揶揄我：「妳不會喝酒、不會玩骰子、不會划拳，妳確定妳是酒店小姐？」

嘖嘖嘖，我們日式酒店就是酒店業的公務員，不會喝酒也有不會喝酒的生存之道，姐姐走跳江湖憑的不是酒量好嗎？憑的是口才跟美貌呀！

所以，我去男公關店與其說是去「玩」，不如說是去「田野調查」，觀察客人與男公關們的互動，研究在這紙醉金迷中流動的歡愉或者寂寞。

哎，不說這些惆悵了，來說點奇聞軼事。

曾聽說條通男公關圈有個很有手腕的哥哥，非常受到客人的追捧，一堆客人等著要指名他，檯費、小費賺得盆滿缽滿，各種貴重禮物也收到手軟。我們這個圈子的人，很多都花錢大手大腳，縱使風光一時，最後還是財來財去留不住，但是這個夜王級的哥哥非常有生意頭腦，他把那些年陪侍賺來的錢都累積起來，變成他的第一桶金。後來，他自立門戶開了一家酒店，反過來聘請以前熱情捧他場的那些「客人」來旗下當酒店小姐，嗯，也算是個白手起家的「勵志故事」吧！

不過，這個客人變員工的勵志故事，怎麼聽起來還是有一絲蒼涼，讓姐姐我忍不住又一聲嘆息呢？

神祕力量（上）

她們彷彿透過這灼灼火光，站在陰陽兩界之間，
當一疊疊金白錢燒到只剩餘燼，再回到現世……

在條通討生活的人，或多或少都有迷信的傾向，或者中性點地說，都很相信某種超自然力量。

供奉神像並不稀奇，普通做小生意的老百姓也都會供奉福德正神或觀音菩薩，但在條通，神祕學可真是一門顯學。在條通上班的小姐，十個裡有九個都喜歡算命，無論是星座、紫微、塔羅、八字、手相、前世今生，全都有人信。

陪侍公關希望受客人歡迎，媽媽桑希望生意興隆，因此經常乞靈於各種「神祕力量」，傳統佛、道教不稀奇，諸如奇門遁甲、拜狐仙、拜姑娘

廟、拜四面佛、供奉裡頭有屍油的佛牌，甚至信黑魔法、養小鬼，在條通都不是什麼新鮮事。

因為條通人的工作很需要所謂的「桃花」，所以會接觸的神祕學很多性質都帶著一點「陰」——不只愛拜神，更愛拜鬼。

我在第三家出場店當「小媽媽」時，有一次店裡打烊以後（我們是凌晨一點下班），媽媽桑還特地帶我們去石碇姑娘廟拜拜、求桃花。

姑娘廟初體驗

也許有些讀者不知道姑娘廟是什麼，請容我先幫大家「科普」一下。

姑娘廟是一種陰廟，主要是供奉未婚就死去的女性鬼魂。在傳統觀念中，認為女孩子還沒結婚就過世，就無法進夫家祠堂，享受香火祭祀。為了安撫這些孤魂野鬼，民間就會建姑娘廟來供奉她們。台灣很多地方都有姑娘廟，建廟的地方就是當年那些女性的離世之處，也因此常有各種靈異傳說。

我們去的石碇姑娘廟，主祀神祇是魏扁仙姑，她當年過世時，只是個年僅十七歲的少女。除了主祀，也有很多人家會把家中未嫁而逝的女兒牌位拿到偏堂陪祀。一般相信，去拜姑娘廟可以招桃花或是求姻緣，而我們這一行最需要的就是桃花，也難怪媽媽桑會特地開這個「午夜場進香團」。

我們除了要在主廟跟偏堂拜拜，還要穿過主廟後方的一條小徑去換錢母，希望能招財，若之後賺錢再回來還願。石碇姑娘廟建在半山腰，時間又是三更半夜，我們去的那天，除了我們就沒有別人了，小徑旁還有四、五隻貓在閒蕩，黑色的身影有如陰間使者似的，那氣氛說有多陰森就有多陰森。

比較值得一提的是「結緣」。姑娘廟祭祀的是女孩子，很多來祭拜的信徒都會帶一些女性使用的物品當作供奉品，現場就像是一個女性用品雜貨鋪，髮夾、首飾、鏡子、梳子、香水、衣服、鞋子、化妝品……很多東西看起來都頗有年代感，還有很多阿嬤時代流行的澎粉和花露水，琳瑯滿目、應有盡有。

有帶東西來供奉的信徒，可以在現場交換一件以前信徒留下的物品結緣，據說這麼做就可以招來桃花或姻緣；沒有帶東西來的人也沒關係，只要誠心誠意地擲筊，詢問仙姑是否可以帶走這邊的結緣品，只要得到一正一反的聖筊，就表示仙姑同意了，就可以挑一樣東西帶走。

我擲出聖筊後，拿了一個小髮夾。款式相當復古，我握著髮夾尋思著，不知道把它供奉在此的女性是什麼歲數、長相和背景的人？也不知道當初她來到姑娘廟，是為了解決什麼樣的煩惱，又或者是求什麼樣的緣分？

兩個身處不同時空、原本互不相干的女子，因為這個髮夾，彷彿被連結在一起了，在那一刻，心裡還真的有一種很特別的感覺。

說也奇妙，拜完以後，我們店裡的生意確實有變好，不得不說還真是靈驗。

我後來偶爾也會去石碇姑娘廟，在那裡抽抽菸、想想事情。大家說姑娘廟很「陰」，但不知道為什麼，我卻覺得在那裡還滿自在的，可能她們與我，都是在浮世間沒有歸宿的女子，都不能活躍在光天化日下，某種程度來說，竟有些莫名的親近感。

鬼不想來的地方，人也不想去

世人一想到「鬼」，大概都避之唯恐不及，但條通對於鬼的看法則比較特別。倒不是條通的人不怕鬼，而是條通比較傾向與「好兄弟」建立一種和平共存的微妙關係。

條通有種說法：「鬼都不想來的地方，人也不想去。」條通不少生意特別興旺的店家，都有過一些繪聲繪影的靈異傳說，因此也有「鬧鬼的店會更紅」的說法。

條通做的是夜晚的生意，當然就得跟同在夜晚活躍的好兄弟好好相處。以前，每天晚上大概到了七、八點左右，條通很多店家就會把燒金桶拿到店門口，差遣店裡的小姐們燒金白錢[12]。這些金白錢有些是燒給地基主，有些則是燒給好兄弟，祈求這些「在地」神靈能夠保佑自家做生意順

12——一種像鈔票般長條型，分為金色跟白色的紙錢，象徵黃金與白銀。

順利利。

每天晚上順著這些巷子看過去，就會看到一簇又一簇的火光，每一簇火光旁，都有幾個搽著指甲油、身穿妖嬈禮服、足蹬高跟鞋的小姐，將一把一把的金白錢扔向焰心，跳動的火光打在小姐們頂著濃豔妝容的臉上，看起來頗有種妖異感。她們彷彿透過這灼灼火光站在陰陽兩界之間，幫著店家把不屬於陽間的一切打點好，當這一疊疊的金白錢燒到只剩餘燼，再回到現世，高懸豔幟、開店揖客。

這個近乎魔幻的畫面，至今我還歷歷在目。隨著條通日式酒店漸漸沒落，加上環保意識抬頭，越來越少店家會每天在門口燒金白錢了，但在昔日，那可是條通的日常風景。

至於中元節，那更是條通的年度盛事。

現在條通是社區舉辦聯合普渡，但早期都是各個店家自己拜拜。因為中元普渡都是白天舉行，於是原本晚上才會出現的同事，下午就全都被媽媽桑叫來店裡拜拜，其實大家也只是來走個形式，虛應故事拜一拜就回家休息，等到晚上再回店裡上班。

因為要等香燒完才能燒紙錢，在這一小段等待的時間中，大家就百無聊賴地坐在沙發抽菸，有一搭沒一搭地瞎聊。畢竟只是來普渡，姐姐們都懶得化妝，也只是穿著普通的便服就來了，大家都是滿臉倦容，年紀大一點的姐姐更是難掩老態，跟夜晚上班明豔動人的樣子相當不一樣。明明這才是她們真實的樣子，但不知怎地，看上去卻反而給我一種不太真實的感覺。

香快燒完時，媽媽桑就會催促大家：「好了，趕快燒一燒回去了！」原本歪在沙發上的姐姐們就會立刻起身，意思意思在燒金爐裡丟個幾把紙錢後就速速離去，到了晚上，那些下午看起來或蒼白或蠟黃的姐姐們全都又滿血復活、亮麗登場。

對咩，這才是我習慣看到的姐姐呀！

這樣說起來，條通的女人還真的跟鬼頗有相似之處，都是白天蟄伏、晚上活躍，難怪條通這麼講究要跟鬼共存共榮啊。

滿滿的儀式感

除了拜拜，條通還有很多有的沒的規矩或禁忌。

很多日式酒店會在小杯子裡緊緊地塞滿鹽，然後倒扣出來變成鹽柱，把鹽柱放在店的兩邊，據說能夠趨吉避凶，吸引好客人。此外，跟台灣很多銷售型行業一樣，開店以後進門造訪的第一個人若沒有消費，可不是好兆頭，會「帶衰」當天的業績。

問題是，有時候就會遇到一些只是來問路或推銷的路人甲乙丙，一旦碰到這種事，我們就要在人走後，到外面撒鹽三次，每撒一次口裡一邊唸唸有詞：「いらっしゃいませ！」（日語，意指「歡迎光臨」）以去除霉運。

新人入店還有所謂「馬桶儀式」。

我剛入行時，媽媽桑就要我去女廁所，用腳輕輕踢馬桶三下，然後誠心誠意地對馬桶報上自己的名字：「我是新來的席耶娜，希望我以後賺錢就像賺水一樣！」然後上個小號，再壓下沖水閥嘩啦嘩啦沖掉，祈求財源廣進。這聽起來好像有點荒唐，但因為是第一個媽媽桑教的，我自己後來開店時，也要員工照樣跟馬桶拜個碼頭求好運。

我剛從汐止搬出來租套房時，店裡的媽咪也教我入住之前，先把房間裡的燈開足二十四個小時，讓阿飄們知道有人要去那裡住，不要彼此驚擾。接著的儀式就更玄了，要把鹽和米，以及一百六十八個銅板，放在罐子裡搖均勻，然後把這些東西全都撒在地上，每個角落都要撒。

這些事情都做完以後，再進去掃地，記住喔，只能清理掉鹽跟米，至於那一百六十八個銅板，則要丟回房間的各個角落，床頭櫃下、衣櫥後面都可以塞一點，而床鋪下方尤其重要，一定要擺，據說這樣意謂著「到處都有錢」，可以讓住在屋裡的人左右逢源。若有訪客來家裡無意中撿到錢，可不能帶走唷，必須叫對方把錢放回去。

我還記得我小姪子來我家玩時，發現「寶藏」後很興奮地說：「姑姑，我撿到五塊錢耶！」我連忙說：「不行不行，那個不能撿！放回去！」那可是姑姑的滾滾財源呢，小屁孩別來破壞靈力呀。

有法力的招財竹

有些禁忌聽起來莫名其妙，但有時候還真的有點邪門。

我曾待過一間店，媽媽桑在店門口放了一盆半人高的招財竹，別小看這棵貌似平平無奇的樹，人家可是有經過「特殊加持」的。媽媽桑耳提面命，要求大家千萬不可以碰那棵樹，連一片葉子都別去動，否則就會有血光之災。

聽起來很玄是嗎？還真的在我身上應驗了！

有一天晚上送客時，因為客人喝得微醺，腳步有點踉蹌，我怕客人跌倒，趕緊上前攙扶了一下，就在此時，不小心身體擦到了那棵「神樹」。隔天，我竟然就就出了車禍，真有了血光之災……

媽媽桑來看我時，第一句話是：「妳有碰到那棵樹吼？」

我點點頭，媽媽桑嘆了口氣：「我千交代萬交代，叫妳們說絕對不要碰那棵樹呀！妳看吧！」

經此一劫，以後我看到那棵招財竹就心裡發毛，不敢「鐵齒」，能閃多遠就閃多遠。因為有我這個「真人實證」，店裡其他人也都不敢隨意靠近那棵「神樹」，免得觸犯禁忌惹禍上身。

後來，我離職了，而那間店之後也熄燈關店，換成別人經營了。

至於那棵「有法力」的招財竹，我也不知道它的下落，不知道它是被「請」到另一家店坐鎮？還是隨著店家改朝換代，無人供奉的神樹「法力」不再，變成一棵尋常植物了？

媽媽桑悄悄話：「阿北」，謝謝你曾來過！

早些年，我們有一個自稱有「陰陽眼」的店長說，她在店裡的走廊看過一個「阿北」。有一陣子，店裡生意比較清淡，我忍不住問店長：「我們家那個阿北是不是不見了？」

店長想了一下：「對耶，很久沒看到了。」

欸，我是不是做太多好事、迴向太多，所以阿北功德圓滿去投胎了呢？難怪店裡生意沒那麼旺了……哎呀，我開玩笑的啦。

阿北，祝你一路走好，雖然我看不見你，但是你庇佑我的店這麼多年，我可是衷心為你高興呀！下輩子乘願再來，祝福你有更美好的新生唷。

神祕力量（下）

人生常有迷惘。因此更需要被指點、被加持、被保護，幫助自己度過這些考驗與難關。

在條通當小姐時，除了結伴到處算命或求神拜佛拜狐仙，我們甚至還組團飛去泰國，找一位法力高深的降頭師刺青過。

據說連安潔莉娜．裘莉都有找那位降頭師刺青，而且刺完沒多久就爆紅，哇，這麼靈驗？刺！當然要刺！

於是，我就跟客人和同事與沖沖組團去了趟泰國。我們那一團有兩女三男，五天的行程全都在跑廟，還在當地找了個識途老馬，帶我們去找那位有神奇靈力的降頭師。

痛到爆炸！

那個地方光是「布局」，就讓人心生敬畏。在偌大的一片場地中央，擺成一個ㄇ字形，正中間是神壇，左右兩面都擺滿各種泰國神像和鮮豔旗令，現場煙霧繚繞，神祕感滿點。

進去以後，必須先逐一把現場所有的神都參拜一次，然後坐在廣場中央冥想一陣子，淨化心靈後，再挑選自己中意的刺青圖案。

這刺青可真是不得了！一般我們在台灣刺青都是用電動的機器刺，但這位降頭師可是純手工刺。連刺法也充滿儀式感，使用的工具是一根比掃帚柄還長些的刺青杖。刺青時，師父會把棍子跨在肩頭，他就拉著那一根長長的刺青杖「簌簌簌簌」把圖案刺在皮膚上。而且，沒、有、麻、醉，說是要受刺者「充分感受」，因為這也是「修行」的一部分。

我光是看到那一根刺青杖就已經開始發毛，心裡狂碎唸：「幹，這一定很痛！」加上現場聽到先刺的團員已經「充分感受」，邊刺邊幹聲連連，更是怕到不行。

前面先刺的人挑選的圖案比較大，但因為實在太痛，刺一段落還要先中斷一陣子，緩一緩才能繼續。

不行，不行，我還是挑小一點的圖案好了，這樣應該會少受些罪……。最後，我挑的是一個寶塔的圖案。據說每一層寶塔象徵一個不同的人生面向，刺完以後，每個面向就能圓滿順遂。

我們到的時間是下午，等到換我刺的時候，天色已經昏暗，紅色的燈光打在神像上，整個神壇看起來變得超恐怖，好像真的有什麼靈力籠罩。

我要刺的位置是後頸背，所以得趴在椅子上刺。

開始刺的時候，幹，果然痛到不行！

看我唉唉叫，旁人抓著我的手不斷哄慰：「乖，你這圖很小，忍一下就好了。你看，我刺一整個背，那才叫痛。」

就算你這麼說，我還是痛到爆炸啊啊啊啊！

前二十分鐘真的超痛，但到後來，感覺好像痛到靈魂已經出竅，沒辦法思考了。實際上到底刺了多久，我已經不記得了，也不想記得。

刺完以後，師父交代有三件事不能做：第一，不能站在柳樹下；第二，不能跟有婦之夫發生性關係；第三，不能被人踩到刺青。如果破戒，神力就會離開。

當時，我聽了就忍不住納悶，第一、二種還有可能破戒，但第三種真的有可能會發生嗎？我刺的位置在後頸背，怎麼會被人踩到啦？

欸，話別說太早，後來還真的發生了。

回台灣以後，有一次跟日本客人去一間養生會館按摩，房間的天花板安裝了兩條單槓，好讓負責服務的姐姐拉著那兩條單槓調整力量，幫客人踩背。

而我，完全忘了我背上有刺青，直到那位姐姐踩上我的背，當我聽到關節鬆開喀喀作響的那一剎那，才猛然想起降頭師的交代：不能被踩到……。

在那個當下，我心裡除了大呼「慘了」，暗暗叫苦：「啊，幹！神力離開我了……。」還浮現另一個荒唐的想法：「啊既然都破戒了，那我要去跟有婦之夫上床！反正都沒法力了，那幾條也都不必遵守了！」（笑）

不知道是不是心理作用的影響，在泰國剛刺完回來時，還真的覺得運勢比較好；但「破戒」後，儘管我在台灣又找師父刺了一次，但不知道是不是缺乏某種「法力」加持，好像就沒有之前那樣靈驗了。哎，實在不該去給人踩背啊。

一擲千金解不安

當小姐的時候都這麼瘋了，後來我自己出來開店，更是迷信到不行，生怕自己哪一個環節做得不夠周全，會影響店的發展。

我開第一家店時，除了豪邁地買了幾大包的金白錢來燒，開店前，還花大錢請師父來取名、布陣。

師父先用硃砂筆在地板上畫陣，然後在陣位擺上五帝錢，用紅線拉好。最後，再抹上白膠，把陣形固定住避免移位，等白膠乾了，才能請裝潢來鋪地毯。光這一套流程，就燒了我十六萬。

至於求神拜佛、中原普渡，那些都是「標準配備」，不足為奇。為了獲得更多庇佑，我還曾特地跑到三重找一位據說很有靈力的老師。那位老師會從信徒中挑選出七男七女，在大年初八這天在馬路上畫陣，讓大家像跳格子一樣跳陣，這樣就可以消災解厄、趨吉避凶。老師每年都會挑選不同信徒來跳，唯獨我，竟連續兩年都被挑中。別以為這樣的「福澤」是免費的，我們這些「位列仙班」的信徒不但要出力跳陣，還得要額外花大錢供奉。

或許你想問，我把錢砸在這種地方，是因為我當時賺得盆滿缽滿，閒錢太多嗎？

唉，不是的。我那時候的財務狀況其實經常捉襟見肘，店裡還有薪水、水電費、房租、稅金、酒錢等開支要張羅。身上明明沒什麼餘錢，但我偏偏還是把大把鈔票花在這種地方。

為什麼呢？那是因為，我沒有安全感。

人生常有迷惘。我本來就是個迷信的人，在條通生活久了，耳濡目染之下，對各種五花八門的超自然力量更是寧可信其有。生意有時好、有時壞，運勢有時高、有時低，內心也經常有舉棋不定、無所適從的感覺，每當面對這種時候，真的很需要有個「什麼」為自己指點迷津。

而二十幾歲的我直覺能夠想到的方法，就是乞靈於那些在條通中口耳相傳、看似縹緲難測的超自然力量——我需要更多的「好運」，需要被指點、被加持、被保護，來幫助我度過這些考驗與難關。

翻轉觀念，做法自然不同

算命也好、求神拜佛也好，找有靈力的法師作法也好，我年輕時燒錢做這些事，都是希望能夠得到「力量」，然後繼續前進。確實，在做完那些「諮詢」或儀式以後，某一段時間裡都會覺得很有衝勁、很有方向感，但是一段時間過後，那種無助、無力感又回來了。

隨著我的年紀漸長，開過很多店、遇過很多人，閱歷漸增的我慢慢發現，其實人生中很多的起落，終歸是一種「心理作用」。

很多西方人遇到迷惘或困境時，會去求助於心理醫師，但我們亞洲人比較沒有這種習慣，通常都自行想辦法消化，而求問鬼神，就是消化這些情緒的其中一種方式。

其實尋求神祕力量跟心理諮商有一些類似之處：我們都希望找到一個更崇高（更「專業」？）的對象，告訴自己該何去何從，彷彿這麼做之後，心頭就比較穩定，當然就會覺得比較有力量。但說到底，最終就是存乎一心啊。

現在的我，已經不像年輕時那麼迷信了。我的意思並不是說現在的我已經徹底揚棄鬼神之說了，事實上，我仍堅信天地之間存在各種不可知的力量。但是，我在面對自己的人生或是鬼神時，已經有了完全不同的觀點與做法。

特別是我讀完《靈界的譯者》這套書以後，對於超自然力量的態度更是有了一百八十度的轉變。作者索非亞（劉柏君）是一個有陰陽眼的通靈者，她也是台劇《通靈少女》的原型，我讀了她的幾本著作，對於「蒼生」與「鬼神」有了更深一層的理解。我開始思考，與其把金錢花在那些看不到的存在上，為什麼我不為看得到的需求做更多一點事，然後把功德

「迴向」給那些看不見的存在？

以前，每年中元節我都忙翻了。我的最高紀錄是同時開四間店，每到中元，我就得採買大批可供給四家店的普渡用品，還得趕場到各店主持拜拜儀式。而這些普渡用的三牲或食品，店裡的年輕妹妹全都興趣缺缺，客人當然更不想吃，最後都是浪費，根本就是勞民傷財。

顧了蒼生，敬了鬼神

現在，我不再被中元儀式綑綁，到了中元節，我就每家店各提撥五千塊，把這筆錢捐給台北後車站的「恩友教會」。會選擇捐款給教會，不是因為我是基督徒，而是因為這間教會有煮飯給附近的遊民吃，並提供遊民們一個可以洗澡的地方，甚至有少數床位可供他們換得一夜安眠。我希望自己能盡一點點棉薄之力，讓教會去幫助更多遊民。

捐完款後，我會點三炷香，把教會開給我的奉獻收據，連同一個從便利超商買回的便當一併供奉給好兄弟，然後在心裡虔誠祝禱：「我願意把這些功德都迴向給你們。」然後朝四面拜一拜，我的中元普渡儀式就大功告成。比起從前為了中元普渡而辛勞，我現在反而內心更踏實些。

我朋友看我這麼做，還打趣說：「妳現在中原普渡可是兩大宗教的結合耶。」

哈哈，可不是嗎？比起從前「不問蒼生問鬼神」的做法，我這創新做法可是顧了蒼生又敬了鬼神呢。

條通的生靈

離不開條通的人，就像是條通的生靈或地縛靈，
注定要與條通糾纏半生。

日本怪談中，有兩個名詞特別觸動我。

一個是「生靈」（いきりょう）。有別於鬼（亡靈），生靈其實是活著的人，只是因為某種強大的執念而靈魂出竅，甚至產生一個「分身」，有時候，連本尊也不知道自己有分化出生靈。

另一個則是「地縛靈」（じばくれい），指的是無法接受或不知道自己死亡的亡靈，又或者是對死時所在之地有特別的情感糾纏，所以就一直徘徊在那個地方，久久無法離去，就像是被綁在那裡一樣。

你可能會納悶，姐講這個，是想要聊條通怪談或靈異故事嗎？

那倒不是，我只是想借這兩個怪談中的名詞，來聊聊條通裡活人的故事。

在條通摸爬滾打了半生，我發覺很多人就像是條通的「生靈」或「地縛靈」，一生的悲歡愛恨皆在條通，如果有天離開條通，就不知何去何從。可以說他們整個生命，算是跟條通綁定了。

之前聽過一種說法，酒店業就像一個「黑洞」一樣，一旦進來就很難出去了。對於這個說法，我是有些同意的，條通是個夜世界，跟社會上其他行業是很不一樣的，很多人一旦進來，習慣這一切以後，就很難再回到日光之下。

「過水」後真能洗淨鉛華？

很多來條通做八大的人，最初都抱持著只是來「過水」的心態，打著只要賺夠錢，就徹底脫離這個圈子的算盤。但是，真正能夠這麼做幾年就乾淨俐落地告別條通的人，其實並不多，除了一開始就目標明確以外，還得擁有過人的意志力。畢竟，要在已經習慣的人生軌道上當機立斷按下停止鍵，然後重新展開一段截然不同的挑戰，是需要一點覺悟、勇氣與才幹的。

我當酒店小姐那些年，有兩個同業讓我印象特別深刻，她們會來做八大都是為了存錢，一個是想要買一間好房子，另一個是想要創業，兩人都心無旁鶩地認真賺錢存錢，目標數字達成後，就立刻洗淨鉛華、抽腿走人，徹底離開八大行業。

想買房子的那個順利買了房子，據說後來還嫁了個還滿殷實的人家，平靜安穩地做了家庭主婦相夫教子；另一個則是用這第一桶金自己創業，當老闆娘也是混得風生水起，都算是得償所願。

但像這種特別清醒的族類，終究不算多數。很多在條通討生活的人就算跳出去，但兜轉了一圈，最後還是回到了條通。有些人則是因為沒有其他特殊專長，門檻較低的行政、文書、門市之類的工作收入又微薄，可能每天上班超過八小時，一個月只能賺兩、三萬，若習慣大手大腳地花錢，又或者有沉重的養家負擔，那點薪水怎麼夠？所以最後還是回到條通。

在日式酒店，很多人能想像到的「最佳出路」就是被客人看上，甚至最後嫁到日本去，就像台劇《華燈初上》的季媽媽一樣，千方百計想要賴上中村先生，圖的就是能入籍日本，到別的國家生活。但是，嫁到日本難道就真的能從此幸福快樂嗎？就我聽到的例子，可未必有這麼美好。

很多嫁過去的人都說，自己根本就是「二等公民」。即使表面上大家都彬彬有禮，但還是可以明顯感受到那種無形的壓力。

不只是日本，台灣不也是如此嗎？我們在理性上都知道，來自印尼、越南、中國大陸的外籍配偶跟我們一樣都是平等的，但就現實來說，社會上還是有部分人會帶著歧視眼光看待這些新住民。

就算你真的很幸運，在生活中遇到的人都很友善、不帶絲毫歧視，但語言與文化的隔閡，也會讓自己的生活圈縮得很小，這些苦悶都是不足為外人所道的。

是家，還是結界？

在我看來，這些離不開條通的人，就像是條通的生靈或地縛靈，注定要與條通糾纏半生。

這群離不開條通的生靈們，大概可以粗分為三種。

第一種，是接受條通生活，甚至還能感到怡然自得的人。像我，就屬於這一種。我大半個人生都在這裡發展，不只是「習慣」而已，還是「享受」條通的工作型態，儘管生活未必順遂，但在條通，我找到了「歸屬感」。其實不少條通的酒店小姐都是這樣，就算中間短暫出走，最後還是覺得條通比較好，於是又回來了，像我們這樣以條通為家的人，應該是「自願型」的條通生靈吧？

另一種是「不得已」的條通生靈，可能就比較令人嘆息了。條通對於她們來說，與其說是家，不如說是一種「結界」。

她們年輕的時候隨波逐流、揮霍青春，今朝有酒今朝醉，直到年老色衰，才發現自己竟一無所有，但想走也走不了了。

我認識的一個姐姐就是這樣，她是典型的「戀愛腦」，跟三個男人生了三個小孩，而孩子的父親們最後只是她生命中的短暫過客。小孩出生後全都丟給娘家父母照顧，她則繼續追逐她所謂的「愛情」。

如今她已經六十幾歲了，因為從未善盡母職，跟孩子的關係都很疏離，更糟的是，因為毫無積蓄，迫不得已只能靠賣身來維持生計。但那一行說到底是碗「青春飯」，一把年紀又不具個人特色，能夠接到的客人素質如何，可想而知。

有個條通姐姐也是這種「不得已」的生靈。她以前是「三七仔」，專門在路上搭訕外國人，把這些人帶去某些跟她有協議的店家消費，店家則會退佣給她。但這三年因為疫情的關係，外國人不來了，很多店家也倒了，她徹底失去收入來源。

不知道為什麼，她並不打算轉移陣地到其他地方討生活，而是選擇用一種淒涼落魄的方式留在條通，她經常徘徊在五條通到十條通之間，衣著邋遢，兩眼無神，對著空氣喃喃自語，身旁總是堆著各種亂七八糟的塑膠袋，有時則會有泡麵或米酒，就像是遊民一樣。

雖然我的店跟她從未有過任何合作關係，但同為條通人，每次看到她這副模樣，總是有些於心不忍。我也曾經私下塞過一些錢給她，並告訴她恩友教會那裡有地方可以洗澡、睡覺，她眼神空洞地看著我，好像有聽懂，又好像沒聽懂。雖然覺得心下惻然，但也愛莫能助，我的能耐有限，只能幫到這個程度了。

客人也是生靈

還有一種彷彿也縛於條通的生靈，他們不是工作者，而是客人。社會上很多人會用「尋芳客」來形容上酒店或找陪侍的客人，但其實很多客人來條通的理由，不見得跟情慾有關。

有一些客人在條通混跡半生，他們來條通談生意、招待廠商或客人，或純粹就是揪朋友來找樂子。對於他們來說，來條通已經成為一種根深蒂固的「習慣」，其中好些客人只要一個禮拜沒來條通喝酒，就彷彿渾身不對勁。

二〇二一年，因為在萬華阿公店茶藝館發生「人與人的連結」，被說是「疫情破口」的「萬華獅子王」事件，讓一眾網友對「阿公店」萌生好奇，明明這些陪侍的阿姨們都不年輕了，為什麼這些客人還是要在疫情緊張的情況下去造訪呢？

我無法代表他們回答這個問題，但我有個「條通生靈」型的客人，曾經跟我聊過為什麼一定要來條通喝酒的理由，他說：「因為在這裡，我會覺得『我還活著』。」

這種心情，姐姐我懂。

對那個客人來說，他已經過了他人生的「高光時刻」，職場殺伐征戰幾十年，當打的仗都打完了，浪花淘盡英雄，解甲歸田的戰士回到家裡，可能就只是個說話沒人要聽的糟老頭而已；但在我們這裡，他就彷彿回春，仍然是一尾活龍。

來到條通，他喝的不是酒，而是氛圍跟回憶呀。

不要說是那種事業有成的男人，就連我爸這樣的男人也很愛去酒店喝酒、聊天、虧妹仔，我想，他也是在那裡找尋「活著」的感覺吧？

我想搞不好這些人在病榻臨終前的那一刻，還會想要再回到瀰漫著菸味、酒味與沙發霉味的酒店一次，在此起彼落的吆喝聲、骰子聲中，縱情大笑、對酒當歌，痛痛快快再大醉一場呢。

媽媽桑悄悄話：男人上酒店買什麼？

有人說，男人老了有「兩億（憶）」，那就是「失憶」和「回憶」。男人來酒店買的是什麼？有時就只是想要有人聽他說說話，覺得開心而已。

他們來條通是為了「色」嗎？未必，很多是來找一個他覺得「安心」或「自在」的地方——那裡有人會聽他講那些講過八百次的笑話，還是笑得花枝亂顫；有人聽他講那些在家裡老婆孩子都不想聽的當年勇，還是誇他好棒棒。

他過去的豐功偉業，可以在這裡「展」；他一肚子的阿雜心事，可以在這裡講；他那種「男人至死是少年」的幼稚心性，可以在這裡盡情釋放。

對很多男人來說，這就是所謂「活著」的感覺吧？

PART 4

條通
說書人

從女公關到媽媽桑

我一直苦於沒人幫我創業指導，但轉念一想：我的客人們不就是最好的老師嗎？

開店，是許多條通人的夢想。

其實我在條通做小姐的日子並不長，只有三、四年左右。二〇〇九年，我就自己出來開店當媽媽桑了。

即將邁入三十歲之際，我的人生莫名其妙諸事不順，於是我去了澳洲一趟，原本是想散心兼打工，誰知道在那裡又談了一段不甚光彩的感情，弄得身心俱疲，幾乎是夾著尾巴逃回台灣。

過境泰國時，我誠心誠意跟四面佛祈求能早日遇到一個好男人，結果還真的如我所求，後來在店裡邂逅一個非常喜歡我的日本客人，他知道我想存錢開店以後，二話不說就慷慨拿出三百萬日幣（約等於當時的九十萬新台幣）資助我。三個月後，我就自立門戶開了店。

自己當老闆

我擔心媽媽桑覺得我不講道義，離職前，還特地把我累積的所有「小本本」都交給她，表示自己並沒有要搶店裡客人的意思。

什麼是「小本本」呢？

在日式酒店，很多小姐包包裡都會放一本迷你筆記本，裡面詳細記載客人的基本資料（包括生日、家庭成員、公司職稱等）、個性、喜好、來店裡點過的歌單，甚至講過的笑話等。別小看這些資訊，這可是重要的「客服」素材，客人光臨前，趕緊翻看小本本「惡補」一下，接待時就能讓客人覺得這個小姐細緻體貼、有把自己放在心上，萌生賓至如歸的溫暖感受。

我當女公關那些年，累積了好幾本這種「小本本」，因此我要出去開店前，把這些「小本本」全都誠實交給媽媽桑，算是一種表態：我可沒有要搶店裡的客人，大家以後還是朋友唷。

我開的是酒吧，確實跟日式酒店有所區隔。日式酒店營業到凌晨一點，我們則是到凌晨三點，所以媽媽桑那邊打烊以後，還會把想「續攤」的客人帶到我的店裡捧場。

為什麼我會想開酒吧，而不是傳統的日式酒店呢？

那是因為我直覺日式酒店這種經營業態，似乎有慢慢式微的趨勢。尤其二〇〇八年金融海嘯對全球造成巨大衝擊，很多企業為了撙節成本，大幅減少非必要的外派和出差，也砍了很多交際費，這導致客源減少，客人也不似從前手頭這麼寬裕。很多客人後來甚至都不去打高爾夫球了，能夠分配到日式酒店的費用自然也縮水許多。

二〇〇九年時，條通附近消費比較低的店多半都是卡拉ＯＫ，酒吧還很少，但我覺得客人其實還挺需要一個店家能通英日語、比較講究細節，但消費不貴，可以輕鬆喝酒的地方，於是就捨棄卡拉ＯＫ這個選項，勇敢地開了一間酒吧。

開店容易經營難

我出來開的第一間店，算命老師取的名字是「維葉」，我找了招牌師父來做招牌，卻總覺得這名字不大對味。招牌師父看我這麼糾結，給我一個很好的建議：「妳乾脆叫 Will Bar 不就好了？Will 跟維葉聽起來也差不多。」

對耶，Will Bar 這個名字聽起來才像是個來喝酒的地方咩，而且「Will」這個單字還有一種展望未來的感覺，好主意！就這麼辦！於是，雖然登記時還是用算命老師取的名字「維葉餐廳」討吉利，但掛出來的招牌則叫做 Will Bar，圖個兩全其美。

在條通「開店」其實並不算一件難事，只要找得到錢就行了，一開始需要的資金也沒有大家想像得高，真正困難的是：怎麼讓店存活下去？

開店前，我去書店買了二十幾本經營管理的書來看，認真學習如何當老闆娘。但理論是一回事，實務可又是另一回事，我的第一家店 Will Bar 撐了四年，還是熄燈關店了。我認真想過關店的原因，一方面是因為當時純酒吧還不是很流行，二方面則是因為我這個新手媽媽桑，還拿捏不準經營之道，尤其是員工管理這一塊，更是一度讓我有種「真心換絕情」的心寒感。

開店初期，店裡連我就只有三人，另外兩個是我以前日式酒店的同事，在人手青黃不接時暫時到店裡幫我忙。有些客人推門進來，一看到店裡如此冷清，就立刻轉身走人。看來無論如何，還是得趕緊找到適合的妹妹呀！

但找人談何容易？我想在幾家最大的人力銀行刊登求才廣告，卻都被網站列為黑名單。我開的雖然是純酒吧，但站方可能一看到是「林森北路」，就以為是酒店要找旗下小姐，根本不讓我徵人。

好不容易終於找到了員工、調教到能獨當一面，卻有三個人跳槽去別家店，甚至店長直接出去開店跟我打對台，叫我情何以堪？

真心換絕情

對我來說，背酒譜、設計酒單這些事務工作都不難，最難的是從員工到老闆的角色轉換。

我的初始員工是來「幫忙」的朋友，就因為是朋友，所以對方也沒認真把我當「老闆」看待，沒辦法事事都像在日式酒店那樣講究。當她做事不符合專業期待時，我又不好意思直接糾正她，若實在看不過去，就只好撿起來自己善後。

新的員工進來以後，因為看我都會幫忙收尾，就以為這些細節「反正老闆娘會自己做」，於是也都便宜行事。如果我要求新人，又會顯得很「雙標」。這樣的惡性循環，讓我根本沒辦法好好建立工作制度。

如今回頭再看，像這種事情其實就是公事公辦，該要求就得要求，建立好遊戲規則就好。我那時因為缺乏經驗，心態上還不能順利轉換為「管理者」，又不想得罪好心幫忙的朋友，顯得自己不知感恩，結果這種和稀泥的做法，反而讓店內管理變得更困難。

以前還在日式酒店時，就常聽說很多條通媽媽桑都不喜歡旗下小姐私交太好，萬一結伴跳槽，店家一時找不到遞補人選，可是相當麻煩。還聽說過有些媽媽桑甚至會刻意離間小姐們的感情，以免集體「浪槓」（台語，指「逃跑」之意）。

之前，我覺得這種做法未免也太腹黑了，心想若我自己當老闆娘，一定不要有這麼多算計，而是要拿出真心實意跟員工「當朋友」。於是開店後，我花了很多心力想要跟妹妹們「交心」，了解她們的生活與心情，試圖想跟她們「打成一片」。我自己明明沒有錢了，但還是負債帶大家去泰國員工旅遊。我真的很努力想當一個貼心的「好老闆」，沒想到玩回來以後，她們竟然就離職跳槽了。

我做的是酒吧，因為低消不高，本來就沒辦法付高薪給員工，如果她們為了收入，想跳槽到薪水比我們高出一截的酒店，說真的也無可厚非，大家出來工作都是為了混口飯吃，我又怎能苛責她們？

但因為我實在付出太多感情與資源了，這件事給我的打擊極大，我難過到沒辦法好好工作，甚至休店一個月。房東看我這麼傷心，還很佛心地把當月房租減半。

當時，我心裡堵了太多委屈，身心俱疲卻無處可訴說。有一次，我一個人去附近某一間店吃披薩，店很小，只有三坪大，老闆是一個才二十幾歲、剛出來創業不久的年輕人。明明知道我們的業種差很多，彼此經驗很難互相參考借鑑，但因為他跟我一樣是個「很年輕的頭家」，我還是忍不住跟對方大吐苦水。那時的我真的覺得好無助，多麼希望有個人可以懂我的難處。

西川先生的救贖

普通員工跳槽就已經很讓人難受了，若好不容易把對方培養到能獨當一面，對方卻反過來變成自己的競爭對手，就更讓人不平衡了。

我第一個店長出去開店時，我承認，當時幾乎萌生了某種「恨意」。那個前店長出去開的不但是跟我同性質的酒吧，甚至還把我的客人也一起帶走，完全不講道義。我內心憤恨到簡直想找兄弟去把她的店給抄了。

那時，多虧日本客人西川先生的開導，才把我從怨恨的深淵救拔出來。

西川先生是一位我很尊敬的客人，當我忿忿不平跟他抱怨店長出走與我為敵的事情以後，原本希望他也跟著我同仇敵愾一番，結果他卻說：「席耶娜，那是因為妳很棒，所以妳才能成為她人生的貴人。她在妳店裡學到了所有開店的技巧，才能展開她新的人生道路，所以妳是她的菩薩、她的貴人。」

「不！她背叛我，還帶走我的客人，想害我活不下去！」

「席耶娜，如果因為一個員工走了，妳就活不下去，那妳真正應該要檢討的是妳自己的營運模式，去思考為什麼一個店長走了，妳的店就會開不下去？」西川先生不疾不徐地說：「妳現在那麼生氣，其實妳真正氣的對象是『自己』，因為妳覺得自己能力不夠，要靠她才能活下去。」

他又說：「她開的店，會有她的風格，而妳的店，也應該要有自己的風格。如果她的生意比妳好，那也是因為人家的手腕好、工作能力強，妳就要檢討為什麼妳的店會開不過人家，這才對呀……。」

西川先生這番話，竟讓我一時語塞，無話可說。我內心五味雜陳，一方面覺得被戳中痛處，有點惱羞成怒：「搞什麼啊，你來我店裡喝酒，不但不安慰我，還訓我一頓？」但另一方面，卻又覺得西川先生分析得很有道理。對呀，我最怕的，是我技不如人；我最氣的，其實是我自己呀！

那一天，我雖然當場被西川先生說到羞憤掉淚，但我下班回家以後，真的有好好地把這番話仔細反芻一番。後來，我非但沒找兄弟去抄前店長的店，還送了花籃去祝福她。

客人就是最好的老師

我一直苦於沒人幫我創業指導，但轉念一想，咦，我的客人們不就是最好的老師嗎？他們可都是在各自領域拚搏廝殺出一條血路的沙場老將啊！個個都是活生生的經營教科書，有著豐富的人生閱歷跟商場經驗，我幹嘛放著這麼好的「商學院」不上啊？

於是，我開始轉換開店的心境。我就像學生一樣，每天都認真在聽客人們講故事，遇到問題時，也會拿出來跟客人討論。由於我有很多外國客人，他們分享給我的經驗有時跟台灣人的思路不大一樣，經常能帶來更多啟發。

我不但不用繳學費給這些「教授」，反過來，「教授們」還要付錢給我噢，我簡直就是賺翻了，哈哈！

經過了創業初期的風風雨雨，我開店的膽子算是被養肥了。二〇一二年，我開了 BAR NINE，之後又陸陸續續開了七家店。二〇一五年時，還同時經營三間酒吧、一間居酒屋。

有句話叫「鐵打的營盤，流水的兵」，這句話我只同意一半。在條通，沒有什麼「鐵打的營盤」，但「流水的兵」倒是不假。在條通開店，輝煌與殞落都是再正常不過的事，大部分的店壽命都很短，流動率更是比社會上其他業種要來得高太多。我自己的店到最後還能屹立不搖的也就剩兩家，一家是 BAR NINE，另一家則是二〇一九年開的日式酒店 BAR NINE VIP，開店這些年來，各店聘雇的員工總數就超過七十個。

有別於創業初期的玻璃心，我覺得後來的自己明顯增加了許多韌性，經營心態也更從容。創業時的我，曾因為員工出走而心灰意冷，甚至自我懷疑是否應該繼續投資在員工身上；中後期的我，則放下某種不必要的執著，深深地體悟到：真正的強者，是即使受過傷以後，還是可以真心待人，並且有能量可以付出，這是我對自己的期許。

為了開居酒屋，我曾經花錢送員工去日本進修，雖然最後居酒屋收了，但這些經驗值也很珍貴；如果店裡有資質好的妹仔可以當店長，我也很樂意幫她開店，就算看錯了人，我也願賭服輸，最壞也不過就是把店收掉。

至於員工的來來去去，我已經看淡。以歷史最悠久的 BAR NINE 來說，這十幾年來就輪替過四十個員工，人與人之間本來就有緣深緣淺，既然沒有天長地久，又何必互相情緒勒索？只要大家在一起的時候，彼此無所虧負、問心無愧就好，真的緣分盡了，那就好聚好散。

話說回來，像 BAR NINE 這麼長青的店，流動率在條通真的已經算低了。店裡八個人裡，有四、五個資深員工，甚至好幾個還超過九年，對於她（他）們的義氣相挺，我衷心感謝。

有些媒體來採訪我，問我「經營之道」，我實在很心虛。對於開店，我當然會有自己的心得跟想法，但我從不覺得有什麼特別的經營強項可以拿出來說嘴。若你問我想要成為什麼樣的經營者？我會很誠實地告訴你：「我最想做的是一個懶惰的老闆，有能幹的員工幫我照顧好生意，讓我可以無憂無慮地遊戲人間。」

這樣說是不是太缺乏上進心、太不勵志了？可是這真的是我的願望，我就想在條通做一個快樂的臭俗仔媽媽桑啊。

事實上，姐姐我就是福將體質啊，我還真的遇上了一個打著燈籠都找不到的好夥伴呢。這個故事，我們就下一篇再好好跟大家講一講吧。

我與前店長的那些事

我們彼此都要學會放手，讓對方可以繼續往前走。

年輕的時候，我曾向上天祈求，希望自己可以遇到一個能夠寵我、疼我、為我遮風擋雨、解決問題的好男人。

我後來有遇到這樣的男人嗎？

欸，還真的有！

眾裡尋他千百度，驀然回首，那人卻在我店裡吧台處。

這個好男人不是我的男朋友，而是我的前店長。有時，革命情感跟知己情誼，可能比許多愛情還要更深刻。

發現寶藏男孩

二〇一二年，我打算要開第二家酒吧 BAR NINE，可是當時 Will Bar 還在，我沒辦法一個人照顧兩家店，所以得找一個我信得過的人來照顧 BAR NINE 才行。當時我有個姐妹淘在出場店上班，我特地開了高薪把她挖來，她竟然把在那間店當少爺的 Joseph 一併帶來，希望我也用他。

坦白說，我一開始完全不想聘用這個「拖油瓶」。拜託，這傢伙不會講日文，又跟我一樣不會喝酒，重點是：他、是、男、生，而我店裡缺的是妹仔啊！

我故意開了一個很低的薪水，希望這個憑空冒出來的 Joseph 可以知難而退。沒想到，他竟然答應了！好吧，那那那……就來上班吧。

事後回看這一段歷史，我只能說自己真的是狗屎運，竟然撿到這個寶藏男孩。

Joseph 一開始在我店裡只是兼職，但他才做半年，日文就到了四級水準，威士忌的知識也學得很好，做任何事都能舉一反三，非常穩重可靠。

我當初開高薪挖來的店長，跟我的緣分並不長，只做半年就離職了，我被迫必須重新物色店長。

盤點我手上能打的牌，嗯，這個 Joseph 感覺是個人才喔。

我詢問他的意願，他稍微考慮後就答應了，辭去原本的工作，專職來當我的店長。從那個時候開始，他就成為我最重要的臂膀，我甚至可以這麼說：如果沒有他，就沒有今天的 BAR NINE。

一剛一柔，合作無間

做為老闆，我的優點是有想像力、有行動力、敢去開疆拓土，萬一開店出師不利，我也願賭服輸，勇於去擦屁股收拾善後。但是，我的弱項則是比較感情用事，在訂定制度和管理員工上，有時候不免有些缺乏威信，而 Joseph 完美地補強了我的不足。

首先，Joseph 是一個細節控。我們走的是日式酒店細節管理，他可是超級龜毛的鐵面店長，作風一絲不苟，店裡的工作內容是有ＳＯＰ流程的，落成書面足足有四頁之多，從客人進店的應對進退，到廁所馬桶縫的清潔都有相關規定。這讓在我們店裡歷練過幾年的員工，出去應該都可以獨當一面。

Joseph 雖然嚴格，但他並非無情的酷吏。有時他罵完員工以後，就會偷偷來知會我：「剛剛我罵了×××，妳趕快去給她惜惜一下。」他是敏感纖細的雙魚座，其實很在意員工的內心感受，所以才會在教訓員工後讓我去安慰人家。而他這種自己扮黑臉，讓我去扮白臉的作風，也讓我這個老闆比較好「收攬人心」，在店裡好做事。你說這個員工是不是很貼心？

有時客人看到 Joseph 口氣嚴峻地對員工發號施令，會忍不住調侃我說：「妳不去管一下妳家店長哦？」我都嬌笑說：「唉唷，你不知道我是林森北路最出名的『臭俗仔』媽媽桑嗎？在店裡，他才是老大，他說了算。」

有些能幹的員工拿到權力以後就會騎到老闆頭上，但我完全不必擔心 Joseph 會「功高震主」。當然，我們不可能所有想法都能同調，若彼此意見相左，最後他還是會尊重我，設法達成任務。

比方說，我想辦個很花錢的活動，就算他不是很贊成，也不會立刻就推翻，而是先把預算抓出來，計算出需要多少營業額才能打平，面無表情地說：「妳這樣還是想做嗎？」有時我看到這個預估表就會打消念頭，但若我無論如何還是很想辦，他就會跟我討論一下可以刪掉的項目，默默把預算表拿回去修改以後，再拿給我評估。

在店裡，我跟 Joseph 的作風就是一柔一剛、一個白臉一個黑臉、一個發想一個執行，可以說是配合無間。就這樣，把 BAR NINE 的經營穩住了，讓我有能量與信心，在二〇一九年再去開不同定位的 BAR NINE VIP。

強大的心理素質

我的另一間新店開幕那天，店裡忙翻了，一直到凌晨一點多，客人都走得差不多了，才總算能鬆一口氣。

這時候，Joseph 突然說：「我可以先離開，去一趟醫院嗎？」

「你人不舒服嗎？」

「不是，是我爸出車禍。」

「嗄？什麼時候的事？」

「大概八點多，我哥打電話給我。」

「那你怎麼不早說？」

「今天店裡這麼忙，而且我爸那時候在加護病房，我就算在醫院也不能怎麼樣，想說還是先留下來。」

話雖如此，但換成一般人，大概已經心亂如麻了，但他整晚卻表現如常，絲毫沒有表現出任何情緒。

因為 Joseph 的爸爸還在加護病房，家屬不能陪病，他去了解完狀況以後，竟然還折回店裡來幫忙打烊。我一方面震驚於他的冷靜與敬業；另一方面，則是抱著無比虧欠與心疼，我席耶娜何德何能，竟能遇到這麼好的專業經理人？

不知道是不是受到店長影響，店裡另一個妹妹的父親過世時，她竟然也只請了三天假。或許有人會說：「也許是因為她跟父親感情疏離才這樣吧？」錯！那個妹妹跟爸爸是很親的，但因為她是家族中年紀最小的孩子，所有後事細節都有其他親人處理，不需要她幫忙；而且如果留在家裡，就只會難過得整天哭泣，來上班反而比較能轉移注意力。

我只能說，我實在很佩服他們的堅強，換成是我，肯定是做不到的。記得以前店裡有個員工弟弟的媽媽過世，我去參加告別式，受到現場哀戚氣氛所感染，結果我哭得比往生者的家屬還慘，員工的爸爸看我哭得狼狽，忍不住偷偷問：「你老闆還好嗎？」最後還要員工反過來安慰我：「媽咪，妳不用太難過，我媽媽生病很久了，離開也是一種解脫，以後就不痛苦了。」看這孩子這麼懂事，我的眼淚就更止不住了！唉呀，Joseph跟他子弟兵們的心理素質，我這輩子大概永遠也趕不上吧？

畢業禮物

我這個人比較容易受情緒左右，有時 Joseph 看我一直悶悶不樂，甚至還會說：「不然妳乾脆出國散散心，或是回家休息一段時間好了，店裡我會顧。」

因為他實在太靠得住了，所以我即使真的飛到國外玩個十天半個月，也完全沒有後顧之憂，店裡還是照樣營運、照樣賺錢。

你可能會好奇，像他這種人才，難道沒有其他店家覬覦嗎？哼，當然有呀！來挖他的人從來沒有斷過，可是他卻還是選擇留在我這裡。

我曾直球對決去問他：「我聽說誰誰誰想找你去開店，你怎麼不去？」

他淡淡地說：「我都快四十歲了，沒有力氣再從零開始帶一家店，也沒有力氣重新跟另一個老闆磨合。換了新店，很難說能不能像現在配合得這麼好。」

嗚嗚嗚，這番話說得我又想哭了，有這種員工，誰都會感動到想哭吧。

二〇二二年，因為疫情嚴峻，整個八大行業都陷入停擺，但即使沒有營業，我還是付給員工半薪，免得影響他們的生計。結果 Joseph 在此刻卻跟我提離職，說他想先去休息一陣子。

相處多年，我還不懂他嗎？畢竟店長的薪水高，這疫情又不知道還會拖多久，店裡明明沒進帳，卻還要一直付薪水，他是擔心我負擔太重才這麼做的。

「那等你休息夠了，想幹什麼呢？」

「也許再看看能不能開一家店吧。」

「開什麼店？」

「嗯……類似卡拉ＯＫ加酒吧那種店吧？」

卡拉ＯＫ加酒吧？那不就是 BAR NINE VIP 的經營模式嗎？

換做是別人，翅膀長硬早就飛走了，他卻在我這裡盡忠職守做了十年，付出已經太多了！既然他有興趣開這種模式的店，我也就阿莎力地給他一個「畢業禮物」：「那，我把這家店送給你，你去經營吧！」

這兩間店是我最珍貴的「孩子」，我就把其中一個，託付給我最信賴的你吧。

做這個決定對我來說並不容易。不容易的不是把一家店無償頂讓給 Joseph，而是從此就沒有他在身邊幫我打點一切了，這才真正讓人煎熬。

也因為長期以來都是他在店裡操持，在疫情期間八大恢復營業以後，竟然有多達三分之二的客人都跟著到他當家的店了。並不是 Joseph 故意搶老東家的客人，但這些客人在 BAR NINE 喝了這麼多年的酒，就是認定了他呀。

而且，我長期過度依賴他，後來連調酒、算帳都不太熟。我心裡徹底慌了，這才意識到自己似乎太低估失去店長的嚴重性。

放手，讓彼此都能往前走

而 Joseph 在自立門戶後，因為擔心我的狀況，在自己的店打烊後，還會把客人帶來 BAR NINE 喝酒，但我們其實都很清楚，這終究不是辦法，一來這樣實在疲於奔命，二來也不能長期這樣讓客人兩頭消費。

以前，兩家店的人手就經常相互支援，Joseph 出去當家以後，我店裡有些資深員工還是會去幫老店長的忙。有一次，員工回來告訴我，說 Joseph 喝了酒，哽咽說：「我真的好後悔，後悔自己把席耶娜寵得什麼都不會。」

我聽了，當場眼淚就掉下來，又是感動，又是慚愧。感動的是，雖然我是名義上的「老闆」，但這十年來，其實一直都是他在庇蔭我；慚愧的是，我竟然就真的被寵壞了，弄到現在沒了這個左右手，我就亂了陣腳、不知所措。

我跑到他店裡，哭得稀哩嘩啦，語無倫次地說：「你真的很愛我，我太依賴你了，太對不起你了！」

「幹，妳是在哭啥洨啦。」

啊，他還是跟以前一樣嘴硬，真的好懷念鐵面店長這一句傲嬌的回應呀。

以前，Joseph 有時會工作壓力大而暴走得太厲害時，資深員工就會跑來跟我說：「媽咪，妳是不是很久沒有跟老大『告白』了？」

「他最近又脾氣不好亂罵員工了啊？」

「對，妳要不要去告白一下？」

這時候，我就會去跟他撒嬌，給他一個浮誇的熊抱，甜言蜜語瘋狂告白一番，告訴他我好愛他、店裡面所有的妹妹也都很愛他！他雖然嘴巴上會罵罵咧咧：「幹，妳又在起啥咪肖啦？」但我知道，他消氣了。

我可不是哄騙他唷，我只是把事實大聲地講一遍，這樣而已。

他自己出去當家以後，我就沒機會這樣跟他「告白」了，也好久沒聽到這個傲嬌的回應了，多麼懷念啊。但是，他已經從我店裡「畢業」了，我們彼此都要學會放手，讓對方可以繼續往前走。

我告訴 Joseph，因為之前都是他在管店，我比較不常在店裡。客人會跟著他走，完全合理，他不必再兩頭折騰了：「十年（奉獻）你也夠了，你就放掉這裡（BAR NINE）吧，我必須要學會習慣沒有你的日子，要學會走出自己的路。」

我做好了心理準備，因為老大不在了，未來可能店裡會有一段混亂期，甚至也有了最壞可能會撐不過去的覺悟。

我盤點店裡可以負擔管理與教育重任的人力，重新安排大家的工作，在混亂了一陣子以後，店內的經營事務逐漸又上了軌道。

除了內部管理，我也試著重新找到定位。疫情後期，我跟一些廠商合作把 BAR NINE 轉型成獨立瓶裝威士忌選品酒吧，和一般普飲威士忌酒吧做出區隔；疫情前就成立的擒慾實驗所，在反覆修正營運方向以後，似乎也慢慢做出了一點成績。

我應邀出書、做異業合作、開線上課程……嘗試更多可能性。目前看來，經歷了疫情摧折與店長畢業而元氣大傷的我與 BAR NINE，好像又熬過來了。

或許人生就是這樣吧，關關難過關關過，生命總會找到出路。

看來，不只是店長從我這裡「畢業」，我自己也算是從他的羽翼下「畢業」了吧？

十年，在人事更迭極快的條通，是一個很長的時間跨度。我說這些故事，是為了紀念一段不容易的緣分，也是為了感謝那個曾經為我負重前行的人，以及勉勵我自己——這個「大器晚成」（笑）的成長型席耶娜。

未來，我們也要各自努力、一起加油！愛你哦！

百年大疫

這場百年大疫，奪走我太多東西，
重創了我的事業，讓我失去了珍視的友人，
連我過去的勇敢、自信跟銳氣都被磨禿了。

在條通這麼多年，也歷經過幾次大環境的震盪，但從來沒有一次像COVID-19疫情這麼可怕。

以前，就算是二〇〇八年金融海嘯那樣的巨變，我還是覺得隱約可以預見條通接下來五到十年的變化，雖然沒有百分百的把握，但至少我覺得自己仍然可以轉型應變。

可是，這一場百年大疫，卻幾乎讓我失去信心。

獵巫式的羞辱

二〇二〇年，疫情在全球肆虐，世界各國封城的封城、封國的封國，台灣對邊境管理當然也是嚴防死守。一瞬間，全世界的交通彷彿死了一般。

一直以來，外國客人占條通營業比重相當高，全球交通停擺，加上群聚受到嚴格管制，生意當然受到相當大的衝擊。

二〇二一年，疫情終究擋不住，還是攻進社區了。到了五月，疫情升高到三級警戒，幾乎所有行業都被波及，更不要說經常被妖魔化的八大行業，「萬華獅子王事件」之後，八大行業更變成眾矢之的，被當作「疫情破口」。

七月底，疫情降溫以後，餐飲業的禁令陸續鬆綁，只要店家準備隔板就可以營業，就連ＭＴＶ、電子遊戲、麻將休閒館、ＫＴＶ等娛樂場所也都陸續解封，唯獨酒店和舞廳仍被排除在開放名單之外。

為了求生存，條通有自救組織發起遊行，號召八大行業從業者走上街頭，爭取工作權。他們遊行的那一天，我騎摩托車從隊伍旁邊經過，參加的人很少，稀稀落落的，場面冷清到讓我覺得心酸。

看見這個情況，我並不意外。不是大家不想為自己的工作權站出來，而是我們本來就不是活在陽光下的產業。很多從業人員都不想讓人知道自己在八大工作，如果參加遊行活動被媒體拍到，那不等於上電視昭告天下自己在酒店上班嗎？

對酒店業來說，大家只是想要一口飯吃，只要能讓復業，加再多規矩都沒關係，但當時整個社會的氛圍就是寧可錯殺一百，也不能給八大一條生路，網路上鋪天蓋地各種羞辱性言辭，把我們講得非常不堪，我們明明都已經快活不下去，還要被千夫所指。有一段時間，我甚至有種絕望感：這個社會上很多人根本不在乎我們的死活，有些人甚至在這場大疫中，像獵巫般想把我們抓出來祭旗。

原來我有可能會餓死

疫情第一年時，我用手頭的兩家店去申請無息貸款，當時覺得應該只要咬牙熬一下，撐過疫情就會恢復正常。結果情況比我想得還糟，疫情到了第三年還在鬧騰，而且仍然看不到盡頭……。

條通店家在這三年疫情期間，真的可以說是死傷慘重。沒有收入，房租、水電還是要照繳，雖然有些房東比較佛心，願意在這種非常時期給店家降租，但長期沒有收入，很多店家最後還是周轉不過來，只能黯然熄燈。

以我的店 BAR NINE 來說，我申請的是餐廳牌，所以在鬆綁後可以恢復營業，但儘管如此，剛開始也沒客人敢來啊。二〇二二年九月，一度已經快撐不下去，錢都快花光了，可是業績還是沒有起色，最慘的時候，還得厚著臉皮去跟威士忌達人借酒來賣，承諾賣掉以後再還他錢，不然開酒吧卻沒酒能賣，那像話嗎？

我這輩子從來沒有任何時刻像疫情這幾年，對「錢」這麼不安過。以前當然也經常有阮囊羞澀的時候，但我還是有種信心，覺得只要好好努力，還是可以賺到錢。所以，以前的我是很敢衝、敢拚的人，甚至只是有一個雛形想法，就風風火火地去做了。口袋暫時沒錢又怎樣？怕什麼？凡事總會有辦法的。

但是這波疫情把我嚇壞了！原來，我是真的可能會餓死的……。
沒想到，就在山窮水盡的時候，一個老客人帶來了一場及時雨。

才野先生最後的溫暖

才野先生是我二〇〇九年開第一家店時就認識的日本客人，我永遠記得第一次跟他見面的場景。

他當時大概六十幾歲，還是單身，已經半退休。有錢又有閒的他，一個人來台灣自助旅行，他把所有行程都密密麻麻地印在像報紙這麼大張的紙上，行程精細到幾點起床、幾點吃飯、幾點去公車站搭幾號車都詳列其中，那張巨型的「旅行攻略」上，還把台灣知名的台菜餐廳、港式料理、夜市、義大利餐廳等，全都一一分門別類製成表格，方便按圖索驥，實在讓人嘆為觀止。

因為他的行程中安排某些餐廳，如果一個人去吃是很難點菜的，我就毛遂自薦要當陪客。才野先生聽了喜出望外，連我店裡另外三個員工也一併帶去了。那天，我們陪他開開心心吃了晚餐，晚上又回到店裡繼續喝酒聊天。臨別時，才野先生說那是他在台灣最開心的一天，覺得自己很幸福。看他這麼高興，我們也莫名感動。

二〇一二年，他又來台灣玩，還是一樣做了極詳細的巨型規劃，不同的是，這次他特別把幾個行程打了勾，希望我們可以陪他去。於是，那一次我們一行人又高高興興到處玩了一圈。

因為在台灣交到了朋友，才野先生愛上了台灣，後來不僅每年都會來，甚至特地跑去澎湖學中文。我店裡明明是通日文的，但才野先生每次到店裡都硬要講中文，可是他的中文太破，整間店大概只有我聽得懂他在講什麼，還得居間再翻譯一次，每次都把大家逗得笑成一團。

我跟才野先生，早已不只是酒吧老闆跟熟客的關係而已，我們是真正的摯友。這麼多年來，我們每一年都會聯絡，因為他很喜歡台灣的芒果，我每年都會寄好幾箱高級芒果到日本給他。

疫情爆發後的第一年，我還是如常寄給他，但是第二年，我店裡停業太久，訂購芒果對那時的我來說是一筆負擔，於是就沒有訂購。才野先生忍不住打電話來問：「妳今年會寄芒果嗎？」我坦白地跟他說，今年比較窮，可能先不寄了。

「那，妳需要錢嗎？」電話那一頭的他問。

我一怔，這時候誰不需要錢呢？但還是嘴硬地說自己應該撐得過。

才野先生又提出請求：「那妳可以寄芒果給我和我朋友嗎？我再匯錢給妳。」

芒果是我對這個客人的心意，哪能讓他匯錢買呢？我想他應該是想資助我吧？於是告訴他，我再寄給他，但不用他匯款。結果過了一陣子，他又問我芒果的事，並鄭重提出：「我匯一百萬日圓給妳好不好？我不希望我喜歡的店消失。」

我眼眶一熱，開玩笑回他：「一百萬可能不夠喔。」還是婉拒了。

沒想到才野先生不死心，隔一段時間又來問我。這一次，我點頭了。他也真的如同承諾的，匯了一百萬日圓過來。

在這個生死存亡的關頭，才野先生這一百萬日圓真的是及時雨。我收到匯款時，心中有著無比的感激。

本來以為，等到疫情過去，就能再與才野先生見面，到時一定要好好招待他，帶他在台灣遊山玩水、大啖美食，謝謝他的雪中送炭。

沒想到，卻再也沒有這個機會了。

二〇二二年五月下旬時，才野先生在LINE上傳給我一張戴著氧氣罩的照片，他因為肺炎重症住院，預計六月二十五日才能出院。照片中的他氣色非常不好，我實在好擔心，請求他每天都要傳訊息給我。沒想到，這竟是他最後一次跟我通訊！後來他的同事告訴我，他沒能如期出院，病逝了……。

才野先生是我的長輩、摯友，也是我的恩人，他的離世讓我心碎。如果可以，我一定馬上飛奔去日本，在他靈前致意。但當時，我根本出不去，就算出得去，因為日本疫情也很嚴峻，也沒辦法參加告別式。

我只能在心裡默默為他祈福祝禱，告訴他：我好想好想他，謝謝他教我的事，謝謝他讓我有機會重新認識這塊土地，謝謝他比我還愛我的家鄉台灣。

沉澱後再出發

這場百年大疫，奪走我太多東西，不但重創了我的事業，還讓我失去了珍視的友人，因為這些變故，把我過去的勇敢、自信跟銳氣都磨禿了。

在這樣的情況下，我很難不悲觀，但是，我還是得打起精神，不斷自我催眠：這只是黎明前的黑暗，要樂觀、要正向、要繼續往前走。如果不這樣勉強自己，我可能會撐不下去。

所幸，疫情在燎燒了三年以後，總算看到了曙光，世界慢慢恢復正常運作，我也展開許多新計畫。只是，我覺得自己似乎變得膽怯許多，不像過去有那麼多天不怕、地不怕的「憨膽」。

比如說，跟人商談開設線上課程時，我突然有一種心虛感：我是什麼「成功人士」嗎？我有什麼資格可以「授課」呢？

我想這場大疫過後最需要「康復」的，或許是我的膽識吧？但從另一個角度想，這也給我一個機會去沉澱，重新思考自己的特色與定位。

和大家比起來，我只是因為身分比較特殊，所以能夠見識到更多或絢麗或陰暗、或歡樂或惆悵的人間面向。與其說我是一個多麼高明的媽媽桑，或是什麼馭男高手、戀愛專家，倒不如說我就是一個見過比較多人、談過比較多戀愛的條通說書人。

若我有什麼可以分享給大家的，或許是「故事」吧？無論是我自己的經歷、見聞，又或者是客人教會我的事。

親愛的，你會想要聽姐姐為你說故事嗎？

擒賊先擒王，情人先擒慾

性愛可以像米其林料理一樣精緻細膩，而不是「吃粗飽」而已。

我經營的生意中，有一個很特別的品牌：擒慾實驗所。它是一個結合知識欲與情慾教學的課程品牌。

對於「性」這件事，大部分人都遮遮掩掩、羞於啟齒，學校的性教育都是點到為止，而其他「管道」——比如說A片、動漫或網路上得到的性資訊，經常充滿刻板印象與誤解，以至於很多人可能一輩子都不知道該怎麼「好好做愛」，不懂得取悅伴侶，也不懂得表達需求；有些人縱使有過無數次性經驗，卻可能終其一生從未體驗過性愛真正美好的極致樂趣。

千萬別小看「床上功夫」這件事。我入行後的第一個媽媽桑曾說過：

「男人有三種女人忘不掉：一是初戀；二是花他最多錢，最後卻得不到的女人；三是床上功夫最合的女人。」就我自己多年的觀察，這句話某種程度確實是成立的，許多人之所以對某個人念念不忘，就是因為對方有辦法帶給自己性愛的極樂。

不只男人難以割捨「性」趣相投的對象，女人亦然。這些年，我看過很多酒店小姐即使遇到渣男，卻還是無法跟對方一刀兩斷，細究原因，不少都是因為對方床上功夫一流。

從另一方面來說，性事不諧也經常成為關係中的隱憂，很多夫妻或伴侶感情不好，檯面上說的理由是「個性不合」，但癥結其實就是「性不合」啦，只是沒明說罷了。

很多人對「性愛」存在一種矛盾的心態：一方面憧憬它、渴望它，但另一方面又鄙視它或忽略它，這樣真是太糾結了！我覺得比較健康一點的態度應該是：正視彼此的慾望，既然要打砲，那就下功夫把砲打好。

這個想法，就是我辦情慾實驗所的初衷。

條通原本就是「酒」與「情慾」的集散地，我手頭既然已經有了

「酒」，乾脆也把「情慾」這一塊納入版圖吧。

戰技培訓工作坊

最開始，我想要開的是「書店」。對，你沒看錯，是「書店」。

二〇一七年，日本紅牌男公關手塚真輝，和文學咖啡廳「BUNDAN COFFEE & BEER」的代表董事草彅洋平以及複合式書店「Kamome Books」的社長柳下恭平，合資在歌舞伎町開了一間以「愛」為主題的書店「歌舞伎町 Book Center」（歌舞伎町ブックセンター）。也許你不相信，但我自己原本就是個喜歡閱讀的人，看了這則新聞以後，也起心動念想在條通開一間以「情慾」為主題的書店。

在疫情爆發的前一年，我就開始籌備要開這間白天是書店、晚上則化身酒吧的複合式書店，名字就叫做「擒慾書店」，就連文案都想好了：擒賊先擒王，情人先擒慾！

不過，開書店的想法後來卻變得有些窒礙難行，加上後來疫情爆發，開設實體書店的計畫就胎死腹中，但我還是希望能把「擒慾」塑造成一個研討性知識與性技巧的品牌，於是誕生「擒慾實驗所」，希望大家心中那些不敢說、不便問的情慾相關疑惑，都能在這裡找到答案。

原本的想法是：既然不能開實體店，那就來辦小型主題聚會，也測試一下水溫。但後來疫情轉熾，連群聚也不行了，只能變通，改用 ZOOM 來做線上講座。

比如說，邀請專業的情慾按摩師舉辦分享研討會，或是找來國外的專家解析何謂ＢＤＳＭ[13]。雖然我們並未宣傳，但單場還是吸引了數十人參加，可見得情慾知識或技巧這個領域，還是有其市場。

等到疫情稍微鬆綁，大家可以自由出門後，我們就開始辦實體活動。

13　ＢＤＳＭ指的是性虐戀，包括綁縛與調教（Bondage & Discipline，即 B/D）、支配與臣服（Dominance & Submission，即 D/S）、施虐與受虐（Sadism & Masochism，即 S/M）。

不過，經過討論以後，我們覺得單純紙上談兵的小型聚會還是不夠深入，若要真正學到東西，用十人左右的小班制「工作坊」形式，或許能達到更好的效果。

在師資方面，我們除了想邀請性學專家、泌尿科醫師等專業人士，可以從「學科」方面傳達正確知識以外，也想找身經百戰的情慾按摩師、手槍女王、口愛老師等擁有「特殊專業」的能人異士來加強「術科」。

我們之所以覺得「術科」很重要，是因為太多人根本不知道怎麼取悅對方，很多男生以為只要狂抽猛送又或者時間拉得久，女伴就會很享受；很多女生則不知道怎麼操作，才能夠讓伴侶感到銷魂。明明大家都覺得不滿足，卻都不好意思講或不忍心直講。我們想透過課程，把這些「眉角」都攤開來講清楚，幫助大家提升戰技。

雖說老師們在各自領域都是專家，但要幫學員「上課」，那可是另一門專業，所以我們還得事先擬好課綱，跟老師討論流程與細節，找員工內測調整以後，才會正式推出課程。

性，可以是米其林

雖說擒慾實驗所的工作坊做的是純粹的性愛「教學」，我們也都踩緊底線，示範都用道具教學，老師在現場也絕對不會跟學員有逾矩互動，課後有時候會給學員五分鐘的一對一指導，但也絕對謹守分際，不然萬一被說成是搞3P，那可就太冤枉了。

但因為工作坊的教學主題實在太過敏感，我還是三不五時就會接到一些帶有特殊來意的詢問電話。

「你們那個……有包含性交嗎？」

「欸……你們老師可以接受不戴套嗎？」

「那個情慾老師可以外約嗎？」

每次接到這類詢問，心中總是忍不住大翻白眼，但還是得不厭其煩一再解釋：「我們是在做『性教育』，不是在做『性交易』唷。」

雖然經常要釐清誤會，但我們也得到許多很正向的反饋。有個學員告訴我，來上過課以後大開眼界，才知道原來性愛可以像米其林料理一樣精緻細膩；相較之下，自己以前的性愛就只能說是「吃粗飽」而已。也有情侶或夫妻一起來上課，據說後來兩人互動的幸福感也大幅提升，這些反饋對我們來說都是相當大的鼓勵。

很多女生在上課前都會又期待又怕受傷害地問：「應該不會有互動環節吧？」「我應該只要默默旁聽就好，不會被點名起來吧？」原本我也擔心過學員會不會太拘謹，現場氣氛萬一死寂得像守靈就不好了，結果學員們到了現場都變得很主動，不少人的問題還直白得讓人害羞，迴響非常熱烈！看來大家都有一肚子的性愛疑惑求解，只是之前沒機會問呢。

擒慾實驗所畢竟才剛起步，目前的商業模式還太小，比較局限在性愛教育上，未來我希望能有更多異業結合的機會，或是能將觸角延伸到身心靈的領域，期望能讓光顧擒慾實驗所的朋友們，最後能達到靈與肉都美好滿足的境界。

「性」是天賜的美好禮物，若只是純粹拿來繁衍後代，實在是太可惜了，就讓我們勇敢地面對它、接納它、處理它、享受它吧！

給條通的情書

#林森北姐姐人美心也美
#有沒有林森北姐姐是好人的八卦？

幾年前，我去華山文創園區看了一個展，其中一些畫作非常吸引我，感覺十分適合放在 BAR NINE。我店裡外國客人多，剛好也能讓他們認識一下台灣青年插畫家的作品。

正要詢問價格，突然一陣躊躇。

畢竟，不是每一個人都能接納八大行業工作者，說不定人家並不希望自己的作品，出現在條通這種燈紅酒綠的地方呢……。

可是我實在很喜歡那些作品，於是小心翼翼地問了在現場接待的一個大男孩：「我想買一些藝術家的畫放在我店裡，但行業比較『特殊』，我是在林森北路開店的，不知道你們會不會介意？」

那個大男孩愣了一下，旋即開朗地笑說：「姐姐妳好貼心喔，我們絕對不會介意的！只要有人喜歡這些作品，我就很感恩了，支持青年就是好人，無論你是什麼職業。」

因為太多人戴著有色眼鏡看待我們這個行業，聽他這麼說，我莫名一陣感動，連連稱謝，後來也聯繫了買畫的細節。沒想到這場單純的買畫記，後續竟然還掀起一些漣漪。

那個大男孩回去以後，在批踢踢上發了一篇文，標題是〈有沒有林森北路姐姐是好人的八卦〉，除了詳述那天在華山的對話以外，還提到那個展覽的目的，是為了協助青年氣候聯盟去聯合國開國際環境會議，並且為受虐兒募款。他們曾向許多企業提案，但要嘛沒有回應，要嘛直接婉拒，最後還是想辦法自己籌錢到華山辦展。

而我，則是第一位給他們支持的人。男孩附上遮掉名字的對話截圖（他怕造成我的困擾），文末還讚美我「林森北姐姐人美心也美」，並附上八卦板結尾慣例問句：「有沒有林森北姐姐是好人的八卦？」

雖然他的截圖有遮掉名字，但還是有人猜出了是我，條通很多人看了這篇貼文也拿來問我。我真沒想到一個單純的善意與欣賞，後來會引起那麼大的迴響，還真是讓我受寵若驚。

這篇網路文，讓我這個靜靜在林森北路開酒吧的媽媽桑，意外地在網路上小紅了一把，讓有些人開始知道，在條通有一位名叫「席耶娜」的媽媽桑。

成為條通說書人

二〇一六年，一個專門做在地深度導覽的旅行社「島內散步」找我合作，希望我能帶條通導覽，介紹日式酒店這個行業。

原來，他們做了一個名為「城市無間道」的企劃，邀請業內人士來說故事，讓參加者有機會一窺酒店、殯葬業、宮廟等帶有獵奇色彩的「特殊產業」。因為我在條通也算是小有一點點名氣，於是就被他們列為邀請對象。

誠實地說，一開始，我的意願並不強，畢竟酬勞不多，連續解說兩個小時也很累，更別說事前還要勤做功課。而且當時我手頭只有酒吧，還沒有日式酒店，必須親自去協調其他店家當作示範場地，花費這些時間跟心力成本，我拿去自己店裡做生意豈不好賺得多？

但是，我本來就是喜歡新鮮事物的人，加上對於條通確實存有深厚的感情，如果有這個機會可以讓更多人了解條通，何不試試看呢？

於是，就此展開我的斜槓——條通文化導覽員。

結果，「城市無間道」的其他路線在活動落幕後就結束了，但我的條通導覽路線卻意外地特別受歡迎，每團都額滿，於是就順水推舟繼續做下去了。二〇二一年，Netflix 台劇《華燈初上》播出後，很多民眾對條通感到好奇，我的條通導覽團也跟著爆紅，有段時間更是一位難求，至今也還是繼續開團，堪稱是「島內散步」最長壽的導覽路線。

探索條通歷史

來參加導覽的民眾，除了有對酒店業充滿好奇的上班族和自營商，也有來蒐集資料或找題材的文史工作者、作家、導演、編劇等。當初《華燈初上》的編劇跟導演也都有來參加導覽，之後為了劇本創作，還找了包括我在內的好幾位媽媽桑擔任顧問，有個編劇還說要不要在劇中寫個角色讓我客串。

剛開始做導覽，比較多的心情是「好玩」，但後來支撐我繼續做下去的動力，則是某種「使命感」。

為了要做導覽，我請教許多資深的條通人，還讀了當年在日本人圈子十分風行的情報誌《My Town TPE》跟《My City》，這兩本雜誌主要是提供在台日人一些食衣住行育樂的生活資訊，但因為雜誌裡也會有一些林森北路的徵人廣告或相關訊息，竟被冤枉為《極樂台灣》[14] 2.0，一度遭

14——二〇〇二年日本為尋芳客出版的買春指南，曾引起軒然大波，甚至大規模掃黃行動。

到污名化，但其實這兩本冊子主要就只是給日本人的生活資訊大集合而已，要說「傷風敗俗」、「助長色情」什麼的，真是言重了。

透過這些功課，我才知道在一九八〇年代，條通一共有六百多家日式酒店，算是日式酒店的全盛時期，條通可以說是台日工商交流的其中一塊拼圖。但後來日式酒店就慢慢凋零，二十年前我入行時，就已經算是「末代小姐」了，之後日式酒店逐年減少，到我開始做導覽時，條通的日式酒店數量就只剩下一百六十幾家而已。

在疫情摧殘後，條通的日式酒店更是雪崩式減少，二〇二二年時僅剩下三十幾家。而《My Town TPE》跟《My City》也在疫情後停刊，走入歷史。

有人說，也許疫情過後，條通就能恢復元氣了，我只能苦笑搖搖頭。

在這二十年間，日式酒店一直在不斷式微，疫情只是最後一根稻草。過去日式酒店之所以繁榮，是因為要療癒日本客人的鄉愁，但現在，日本客人普遍都通英文、中文，加上可以填補寂寞的管道越來越多，純日式酒店存在的必要性也就越來越低了。

客人少了，就連小姐也變得很難找。因為少子化，年輕妹仔總量已經銳減，而且她們大多都衣食無缺，不像過去常因為經濟壓力而當陪侍。對外在條件好的妹仔來說，如果要「犧牲色相」，與其到酒店辛苦當陪侍，還不如在網路上當直播主靠打賞就好。

大環境的改變，又缺乏新血挹注，各種因素加起來，純日式酒店最終還是無可避免會夕陽化，之後可能就會朝M型化發展——一端是服務富人的高級私人招待所，另一端則是低配版酒店，或是不那麼強調規矩做派的 Live house 或酒吧。過去日式酒店那種百花齊放的型態，恐怕很難再看到了。

當我開始深入了解條通的歷史，才恍然意識到，自己也是這歷史洪流中的一分子，見證了經濟榮枯、時代變遷，眼看朱樓起，眼看朱樓塌。

美麗條通

我二十幾歲就踏入條通，從青春到中年，都在條通度過。條通承載了我大半個人生的喜怒哀樂，我覺得我似乎有義務要為條通留下一點什麼。

知道《華燈初上》要以條通日式酒店為故事背景後，我真的很開心，能夠有一個專業戲劇團隊用影像故事，去還原條通日式酒店的昔日榮景，去述說曾經的絕代風華。正因為這曾是我人生的一部分，所以我看《華燈初上》的心情不是追劇，反而比較像是懷念。

我自己做女公關時只待過日式酒店，開始做導覽以後，因為要介紹條通酒店的不同業種，也因此結識許多來自台式酒店的姐妹，對於整個陪侍業的美麗與哀愁，也有了更深刻的理解。同時，也更迫切覺得應該要有一個組織，來保護這些經常被社會安全網漏接的從業人員權益，所以後來才會與「酒與妹仔的日常」一起合作創建「台北市娛樂公關經紀工會」。

條通還有許多比我資深的媽媽桑，或是閱歷更豐富的公關，對我而言，不管是帶導覽也好、組工會也好，又或者是參與各式各樣的條通活動也好，我從來不敢以「日式酒店代表」或甚至「條通代表」自居。

我做這些事情的初衷十分單純，就只是我自己想寫給條通的一封封情書，同時，也紀念我的青春，如此而已。

有時，我會突然陷入回憶。

想起九份的阿妹茶樓，想起鼎泰豐的金牌啤酒與小籠包。

想起歲末年終，客人們回他們的母國過年，我們在店裡瘋狂手寫四、五百張賀年明信片，好讓客人能及時收到我們的祝福。

想起八月盛夏，許多條通日式酒店的小姐們模仿櫻花妹，穿上五彩繽紛的美麗浴衣，準備跟客人一起迎接盂蘭盆節[15]的模樣。

想起那些歌聲、那些笑語、那些迷濛眼神，那些點到為止的怦然心動，那些或微醺或酩酊的夜晚。

啊，條通，條通，真是太醉人了。

15　在日本，盂蘭盆節（お盆）是僅次於元旦最重要的節日，可以理解為日本的中元節。除了祭祀祖先以外，全日本各地也會有大大小小的慶典與花火大會，許多民眾會聚在一起穿著浴衣（ゆかた）跳舞。過去，很多條通日式酒店也會在盂蘭盆節時，讓公關們穿上浴衣跟客人一起過節，以解客人鄉愁。

華燈初上，人生永遠不怕夜黑：條通女王席耶娜的真情人生

作者——席耶娜
故事撰寫——李翠卿
主編暨企劃——葉蘭芳
協力編輯——黃麗瑾
封面照片——登曼波
內頁照片——Daniel Wang（王辰志）、相澤良幸
校對——聞若婷
封面設計——Bianco Tsai
版型設計——Bianco Tsai
內頁排版——張靜怡

董事長——趙政岷
出版者——時報文化出版企業股份有限公司
一〇八〇一九臺北市和平西路三段二四〇號三樓
發行專線——（〇二）二三〇六—六八四二
讀者服務專線——〇八〇〇—二三一—七〇五
（〇二）二三〇四—七一〇三
讀者服務傳真——（〇二）二三〇四—六八五八
郵撥——一九三四四七二四時報文化出版公司
信箱——一〇八九九臺北華江橋郵局第九九信箱
時報悅讀網——http://www.readingtimes.com.tw
法律顧問——理律法律事務所　陳長文律師、李念祖律師
印刷——紘億印刷有限公司
初版一刷——二〇二三年五月十九日
初版二刷——二〇二三年五月十九日
定價——新臺幣四〇〇元
（缺頁或破損的書，請寄回更換）

時報文化出版公司成立於一九七五年，
一九九九年股票上櫃公開發行，二〇〇八年脫離中時集團非屬旺中，
以「尊重智慧與創意的文化事業」為信念。

華燈初上，人生永遠不怕夜黑：條通女王
席耶娜的真情人生 / 席耶娜作 . -- 初版 .
-- 臺北市：時報文化出版企業股份有限
公司 , 2023.05
272 面；14.8×21 公分 .
ISBN 978-626-353-762-0（平裝）

1. CST：席耶娜　2. CST：傳記

783.3886　　112005619

ISBN 978-626-353-762-0
Printed in Taiwan